星云法语

生活·讀書·新知 三联书店

01

修行在人间

精进

星云大师 著

Copyright © 2015 by SDX Joint Publishing Company
All Rights Reserved.
本作品版权由生活·读书·新知三联书店所有。
未经许可,不得翻印。
本书由上海大觉文化传播有限公司独家授权出版中文简体字版。

图书在版编目(CIP)数据

修行在人间.精进/星云大师著.—北京:生活·读书·新知三联书店,2015.5
(星云法语)
ISBN 978-7-108-05220-9

Ⅰ.①修… Ⅱ.①星… Ⅲ.①佛教-人生哲学-通俗读物 Ⅳ.①B948-49

中国版本图书馆 CIP 数据核字(2015)第 020152 号

责任编辑	罗 康
封面设计	储 平
责任印制	卢 岳 张雅丽

出版发行 生活·读书·新知 三联书店
(北京市东城区美术馆东街 22 号)
邮　编　100010
印　刷　三河市嘉科万达彩色印刷有限公司
版　次　2015 年 5 月北京第 1 版
　　　　 2015 年 5 月北京第 1 次印刷
开　本　880 毫米×1230 毫米　1/32　印张　7.75
字　数　166 千字
印　数　00,001-12,000 册
定　价　28.00 元

总序　十把钥匙

星云大师

《星云法语》是我在台湾电视公司、"中国电视公司"、"中华电视公司"三十年前的"三台时代",为这三家电视台所录像的节目。后来在《人间福报》我继《迷悟之间》专栏之后,把当初在三家讲述的内容,再加以增补整理,也整整以三年的时间,在《人间福报》平面媒体与读者见面。

因为我经年累月云水行脚,在各地的佛光会弘法、讲说,断断续续撰写《星云法语》,偶有重复,已不复完全记忆。好在我的书记室弟子们,如满义、满观、妙广、妙有、如超等俄而提醒我,《人间福报》的存稿快要告罄了,由于我每天都能撰写十几则,因此,只要给我三五天的时间,我就可以再供应他们二三个月了。

像这类的短文,是我应大家的需要在各大报纸、杂志上刊登,以及我为徒弟编印的一些讲义,累积的总数,已不下两千万字了。《星云法语》,应该说是与《迷悟之间》、《人间万事》同一性质的短文,都因《人间福报》而撰写。承蒙读者鼓励,不少人希望结集成书,香海文化将这些文章收录编辑,文字也有百余万字,共有十集,分别为:一、精进;二、正信;三、广学;四、智慧;五、自觉;六、正见;

七、真理;八、禅心;九、利他;十、慈悲。

这套书在《人间福报》发表的时候,每篇以四点、六点,甚至八点阐述各种意见,便于记忆,也便于讲说,有学校取之作为教材。尤其我的弟子、学生在各处弘法,用它作为讲义,都说是得心应手。

承蒙民视电视台也曾经邀我再比照法语的体裁,为他们多次录像,并且要给我酬劳。其实,只要有关弘法度众,我都乐于结缘,所以与台湾的四家无线电视台都有因缘关系。而究竟《星云法语》有多大的影响力,就非我所敢闻问了。

承蒙知名学者李家同教授、洪兰教授、台中胡志强市长,以及善女人赵辜怀箴居士,为此套书写序,一并在此致谢。

是为序。

于佛光山开山寮

推荐序一　宗教情怀满人间

李家同

星云大师的最新著作《星云法语》十册套书,香海文化把部分的文稿寄给我,邀我为序。8月溽暑期间,我自身事务有些忙碌;但读着文稿里星云大师的话,却能感觉到欢喜清凉。

《星云法语》里面有一篇我很喜欢,其中写道:"要有开阔包容的心胸、要有服务度生的悲愿、要有德学兼具的才华、要有涵养谦让的美德。"

多年来我从事教育工作,希望走出狭义的精英校园空间,真正帮忙各阶层弱势学生。看着莘莘学子,我想我和星云大师的想法很接近吧,就是教育一定要在每个角落中落实,要让最弱势的学生,能个个感受到不被忽略、不受到城乡资源差别待遇。

青年教育的目的,不就是教育工作者,希望能教养学生,成为气度恢弘的国民吗?

为勉励青年,星云大师写下"青年有强健的体魄,应该发心多做事,多学习,时时刻刻志在服务大众,念在普度众生,愿在普济社会"。

星云大师的话,让我想起《圣经》里的箴言:

"有了信心,又要加上德行;有了德行,又要加上知识;有了知识,又要加上节制;有了节制,又要加上忍耐;有了忍耐,又要加上虔敬;有了虔敬,又要加上爱弟兄的心;有了爱弟兄的心,又要加上爱众人的心。"(《圣经·彼得后书》)

宗教情怀,就是超越一切的普济精神。人间的苦难,如果宗教精神无以救济,那么信仰宗教毫无意义。不论是佛陀精神,或是基督精神,以慈爱的心处世,我想原则上没有什么不同。尤其是青年人,更应细细体会助人爱人的真谛,在未来起着社会中坚的作用。这样,我们现在办的教育,才真正能教养出"德学兼具"的青年,让良善能延续,社会上充满不汲汲于名利,助人爱人的和谐气氛。

香海文化出版的《星云法语》,收录了精彩法语共计1080篇,每一篇均意味深长,适合所有人用以省视自己,展望未来。"现代修行风"不分基督、佛陀,亲切的圣人教诲,相信普罗大众都很容易心领神会。

如今出版在即,特为之序。

(本文作者为台湾暨南大学教授)

推荐序二　安心与开心

洪　兰

在乱世,宗教是人心灵的慰藉,原有的社会制度瓦解了,一切都无法制、无规章,人民有冤无处伸,只有诉诸神明,归诸天意,以求得心理的平衡。所以在东晋南北朝时,宗教盛行,士大夫清谈,把希望寄托在另一个世界。历史证明那是不对的,这是一种逃避,它的结果是亡国。智者知道对现实的不满应该从改正不当措施做起,众志可以成城,人应该积极去面对生命而不是消极去寄望来生。星云大师就是一个积极入世的大师,他在海内外兴学,风尘仆仆到处弘法,用他的智慧来开导世人,他鼓励信徒从自身做起,莫以善小而不为,当每个人都变好时,这个社会自然就好了。这本书就是星云大师的话语集结成册,印出来嘉惠世人。

人在受挫折、有烦恼时,常自问:人生有什么意义,活着干什么?大师说,人生的意义在创造互惠共生的机会,这个世界有因你存在而与过去不同吗?科学家特别注重创造,就是因为创造是没有你就没有这个东西,没有莫扎特就没有莫扎特的音乐,没有毕加索就没有毕加索的画,创造比发现、发明的层次高了很多,人到这个世上就是要创造一个双赢的局面,不但为己,也要为人。英文谚语有一句：Success is when you add the value to yourself. Significance is when you add the value to others. 只有对别人也有利时，你的成功才是成功。所以大师说，生命在事业中，不在岁月上；在思想中，不在气息上；在感觉中，不在时间上；在内涵中，不在表相上。这是我所看到谈生命的意义最透彻的一句话。

挫折和灾难常被当作上天的惩罚，是命运的错误；其实挫折和灾难本来就是人生的一部分，不经过挫折我们不会珍惜平顺的日子，没有灾难不会珍惜生命。人是高级动物，是大自然中的一分子，不管怎么聪明、有智慧，还是必须遵行自然界的法则，所以有生必有死，完全没有例外。但是人常常参不透这个道理，历史上秦始皇、汉武帝这种雄才大略的人也看不到这点，所以为了求长生不老，倒行逆施，坏了国家的根基，反而是修身养性的读书人看穿了这点。宋代李清照说"今手泽如新，而墓木已拱……然有有必有无，有聚必有散，乃理之常。人亡弓，人得之，又胡足道"。看透这点，一个人的人生会不一样，既然带不走，就不必去收集，应该想办法去用有限的生命去作出无限的功业。

一个入世的宗教，它给予人希望，知道从自身做起，不去计较别人做了什么，只要去做，世界就会改变。最近有法师用整理回收物的方式带信徒修行，他不要信徒捐献金钱，但要他们捐献时间去回收站做义工，从行动中修行。我看了这个报道真是非常高兴，因为研究者发现动作会引发大脑中多巴胺（dopamine）这个神经传导物质的分泌，而多巴胺跟正向情绪有关，运动完的人心情都很好，一个跳舞的人即使在初跳时，脸是板着的，跳到最后脸一定是笑的。所以星云大师劝信徒，从动手实做中去修行是最有效的修行，对自己对社会都有益。

在本书中,大师说生活要求安心,心安才能体会人生的美妙,才听得到鸟语,闻得到花香,所以修行第一要做到心安,既然人是群居的动物,必须要和别人往来,因此大师教导我们做人的道理,列举了人生必备的10把钥匙,书的最后两册是要大家打开心胸,利他与慈悲,与一句英谚 You can give without loving, you can never love without giving 相呼应。不论古今中外,智者都看到施比受更有福。

希望这套书能在目前的社会中为大家浮躁的心灵注入一股清泉,人生只要心安,利人利己地过生活,在家出家都一样在积功德了。

(本文作者为台湾阳明大学神经科学研究所教授)

推荐序三　法钥匙神奇的佛

胡志强

星云大师,是我一直非常尊敬与佩服的长者。

长久以来,星云大师所领导主持的佛光山寺与国际佛光会,闻声救苦,无远弗届,为全球华人带来无尽的希望与爱。

大师的慈悲智慧与宗教情怀,让许多人在彷徨无依时,找到心灵的依归。另一方面,我觉得大师潇洒豁达、博学多闻,无论是或不是佛教徒,都能从他的思想与观念上,获得启迪。

星云大师近期出版的《星云法语》,收录了大师1080篇的法语,字字珠玑,篇篇隽永。

我很喜欢这套书以"现代佛法修行风"为诉求,结合佛法与现代人的生活,深入浅出地阐释。尤其富有创意的是,以十册"法语"打造了十把"佛法钥匙",打开读者心灵的大门,带领我们从不一样的角度,去发现与体会生活中的点点滴滴。

以《旅游的意义》这篇文章为例:

"……就像到美国玩过,美国即在我心里;到过欧洲度假,欧洲也在我心里,游历的地区愈丰富,就愈能开阔我们的心灵视野。

当我们从事旅游活动时,除了得到身心的纾解,心情的愉悦之外,还要进一步获得宝贵的知识。除了外在的景点外,还可以增加一些内涵,作一趟历史文化探索之旅,看出文化的价值,看出历史的意义。

比方这个建筑是三千年前,它历经什么样的朝代,对这些历史文化能进一步赏析后,那我们的生命就跟它连接了。"

"我们的生命就跟它连接了"这句话,让我印象十分深刻,生动描述了"读万卷书,行万里路",正是一种跨越时空的心灵宴飨。

在《快乐的生活》一文中,大师指点迷津。他说:"名和利,得者怕失落,失者勤追求,真是心上一块石头,患得患失,耿耿于怀,生活怎么能自在?"

因此"身心要能健康,名利要能放下,是非要能明白,人我要能融和"。

在《欢喜满人间》这篇文章中,大师指出:人有很多心理的毛病,例如忧愁、悲苦、伤心、失意等。佛经形容人身难得如"盲龟浮木",一个人在世间上一年一年地过去,如果活得不欢喜,没有意义,那又有什么意思?如何过得欢喜、过得有意义?

他提出几点建议:"要本着欢喜心做事,要本着欢喜心做人,要本着欢喜心处境,要本着欢喜心用心,要本着欢喜心利世,要本着欢喜心修行。"

看到此处,我除了一边检视自己在日常生活中做到了多少?另一方面,也希望把"欢喜心"的观念告诉市府同仁,期许大家在服务市民时认真尽责之外,还能让民众体会到我们由衷而发的"欢喜心"。

而《传家之宝》一篇中所提到的观点,也让为人父母者心有戚戚焉。

大师说：一般父母，总想留下房屋田产、金银财富、奇珍宝物给子女，当作是传家之宝；但是也有人不留财物，而留书籍给予子女，或是著作"家法""庭训"，作为家风相传的依据。乃至禅门也有谓"衣钵相传"，以传衣钵，作为丛林师徒道风相传的象征。

他认为"传家之宝"有几种：包括宝物、道德、善念与信仰。到了现代，书香、善念、道德、信仰更可以代替钱财的传承，把宗教信仰传承给子弟，把善念道德传给儿孙，把教育知识传给后代。

"人不能没有信仰，没有信仰，心中就没有力量。信仰宗教，如天主教、基督教、佛教等，固然可以选择，但信仰也不一定指宗教而已，像政治上，你欢喜哪一个党、哪一个派、哪一种主义，这也是一种信仰；甚至在学校念书，选择哪一门功课，只要对它欢喜，这就是一种信仰。有信仰，就有力量，有信仰，就会投入。能选择一个好的宗教、好的信仰，有益身心，开发正确的观念，就可以传家。"

细细咀嚼之后，意味深长，心领神会。

星云大师一千多篇好文章，深刻而耐人寻味，我在此只能举出其中几个例子。很感谢大师慷慨分享他的智慧结晶，让芸芸众生也有幸获得他的"传家之宝"。

在繁忙的生活中，每天只要阅读几篇，顿时情绪稳定、思考清明、心灵澄静。有这样的好书为伴，真的"日日是好日"！

（本文作者为台中市市长）

推荐序四　人生的智慧和导航

赵辜怀箴

我一直感恩自己能有这个福报,多年来能跟随在大师的身边,学习做人和学习佛法。每一次留在大师身边的日子里,都可以接触到许多感动的心,和感动的事;每一次都会让我感觉到,这个世界真的是非常的可爱。

大师说:他的一生就是为了佛教。这么多年来,大师就这样循循地督促着自己,为此,马不停蹄地一直在和时间做竞跑。大师的一生,一向禀持着一个慈悲布施、以无为有的胸怀,做大的人,做大的事。如果想要问大师会不会和我们一样斤斤计较?我想他唯一真正认真计较的事,就是,对每一天的每一分和每一秒吧!

在大师的一生里,大师从来不允许自己浪费任何一分一秒的时间;无论是在跑香、乘车、开会、会客或者进餐;大师永远都是人在动,心在想,手在做,眼观六路,耳听八方,把1分钟当10分钟用;在高效率中不失细腻,细腻中不失大局,大局中不失周全;周全里,充满了的是大师对每一个人无微不至的关怀和体贴。

大师自从出家以来,只要是为了弘法,大师从来不会顾及自己的健康和辛苦,数十年如一日,南奔北走,不辞辛劳地到处为信徒开示演讲；只要有多余的时间，大师就会争取用来执笔写稿；年轻时也曾经为了答应送一篇文稿给出版社，连夜乘坐火车，由南到北。大师从年轻时就非常重视文化事业，大师也坚信用文字来度众生的重要。大师一生一诺千金，独具宏观，不畏辛苦，忍辱负重，在佛教界树立了优良的榜样，对现代佛教文化事业得以如此的发达，具有相当肯定的影响力。到目前为止，大师出版的中英文书籍，已经不下数百本。

记得在20世纪60年代的时候，大师鉴于电视弘法不可忽视的力量，即刻决定要自己出资，到电视公司录制作晚上8点档的《星云法语》，使其成为台湾第一个在电视弘法的节目。我记得大师的《星云法语》是在每天晚间新闻之后立即播出，播出的时间是5分钟，节目的制作，既"精"又"简"。节目当中，配合着简单明了的字幕，听大师不急不缓地娓娓道来，让观众耳目一新，身心受益。

这个节目播出之后，立即受到广大观众的喜爱和回响。大师告诉我，在节目播出之后不久，由于收视率很好，电视公司自动愿意出资，替大师制作节目；大师从此不但有了收入，也因此多了一个电视名主持人的头衔。这个《星云法语》的电视节目，也就是今天所出版的《星云法语》的前身。

佛光山香海文化公司精心收录的《星云法语》即将出版。这一条佛法的清流，是多年来星云大师为了这个时代人心灵的需求，集思巧妙地运用生活的佛教方式，传授给我们无边的法宝。每一篇，每一个法语，星云大师都透过对细微生活之间的体认，融合了大师在佛法上精深的修行智慧。深入浅出地诠释，高明地把佛法当中的精要，很自然地交织在生活的细致之间，用生活的话，明白地说出现代佛法的修行风范,让读者有如沐浴在法语春风之中的感觉,很自然地呼吸着森林里散发出来的清香,在每一个心田里默默地深耕着。等待成长和收割的喜悦,沐浴着太阳和风,是指日可待的。

今承蒙香海文化公司的垂爱,赐我机会为《星云法语》套书做序,让我实在汗颜;几经推辞,又因香海文化公司的盛情难却,只有大胆承担,还请各位前辈、先学指正。我在此恭祝所有《星云法语》的读者,法喜充满。

(本文作者为国际佛光会世界总会理事)

目 录

卷一 调适生命之道

何谓道？/ 3
路 / 5
学道的方向 / 7
调适生命之道 / 9
修道者以何为法乐（一）/ 11
修道者以何为法乐（二）/ 13
求道四心 / 15
道心 / 17
学道的准则 / 19
超越世间 / 21
修道者的心 / 23
日常修行 / 25
现代的道场 / 27
修行 / 29

修行之人 / 31
修行之要 / 33
六根修行 / 35
眼根修行 / 37
耳根修行 / 39
鼻子的修行 / 41
舌根修行 / 43
身根修行 / 45
心的修行 / 47
居家的修行 / 49
修行在人间 / 51
共修共学 / 53
六种修行 / 55
"无"的修行 / 57

真修行 / 59
修行战略 / 61
处世哲学 / 63
如何修行正法 / 65
如何修身 / 67
修身的准则 / 69
行事的要领 / 71
生活修行四句偈 / 73
开始 / 75

卷二　修行之道

处人之道 / 79
"安居"之道 / 81
忍耐之道 / 83
应世之道 / 85
自立之道 / 87
根本之道 / 89
领众之道 / 91
修行之道 / 93
领导人之道 / 95
观人之道 / 97
相成之道 / 99
四用之道 / 101
四好之道 / 103
涵养之道 / 105
培植之道 / 107
养气之道 / 109
处世之道 / 111
获得之道 / 113
和谐之道 / 115
厚实之道 / 117
成功之道 / 119
谦卑之道 / 121
中庸之道 / 123

卷三　君子之道

君子之道 / 127
和平之道 / 129
平常之道 / 131
丰收之道 / 133

取财之道 / 135	治心之道 / 159
感化之道 / 137	领导之道 / 161
更新之道 / 139	治家之道 / 163
相处之道 / 141	学习之道 / 165
保养之道 / 143	处众之道 / 167
修养之道 / 145	觉悟之道 / 170
对治之道 / 147	读书之道 / 172
用心之道 / 149	教子之道 / 174
为将之道 / 151	夫妇之道 / 176
致胜之道 / 153	孝亲之道 / 178
学问之道 / 155	用水之道 / 180
用书之道 / 157	进退有道 / 182

卷四　幸福之道

幸福之道 / 187	保健之道 / 207
事业成功之道 / 189	如何学道 / 209
快乐之道 / 191	教化之道 / 211
安全之道 / 193	忍之道 / 213
聪明之道 / 195	谦虚之道 / 215
语言之道 / 197	说话之道 / 217
交友之道 / 199	因应之道 / 219
为友之道 / 201	求感应之道 / 221
朋友之道 / 203	修身之道 / 223
待客之道 / 205	善因善缘 / 225

卷一 | 调适生命之道

人生难免会有起起落落,
若能懂得调适,逆境也会成为顺境。
生命需要调适,尤其是观念的调适最为重要。

何谓道？

我们听到释迦牟尼佛，就会觉得是有道者；听到耶稣，也知道是有道者；甚至孔子、孟子、诸大圣贤，都是有道之人。乃至社会上有些人发言、处世有着相当的内容、内涵，就会说："这后面一定是有道高人给他意见、给他指点。"高人，人人可做，但它不是玄虚、神秘、高不可测，它必须有道。有"道"，就能带上所谓"高人"的智慧。

什么是"道"呢？以下四点：

第一，慈悯好学谓之"道"

"道"在哪里？在于慈悯好学之心。心能好学，会有力量督促自己进步、增上；有慈悯心，会有悲愿促使自己升华、扩大。你能好学慈悯不间断，可能一时之间看不到立竿见影的功效，经过日积月累，就会把自己打造成有道之人。

第二，正心善行谓之"道"

所谓："欲修其身，必先正其心。"一个人能持守正心，不扬己善，不做害人之事、不说伤人之语，时时自我省察，正心诚意而行善，道便会在你的心中滋长。这样的道德行为，会获得众人的敬重。

第三，觉己利人谓之"道"

宋朝大慧普觉禅师说:"学道人,逐日但将检点他人底工夫,常自检点,道业无有不办。"我们每一天中,心里都要挪出一个位置来自我反观、反省,你可以觉悟到:我要变成什么样的人?我应该负什么责任?我怎么样说话与人有利、做事与人有利?如何去帮助别人、服务别人?对社会国家尽心尽力?能如此觉己利人,这就是道的养成。

第四，升华净化谓之"道"

一个人如何生活?吃饭,良田万顷,你日食几何?睡觉,华屋千间,夜眠不过八尺,生活中的行住坐卧,真是有限。历史上,明朝于谦"粉身碎骨都无怨,留得清白在人间";唐朝刘禹锡"斯是陋室,惟吾德馨",都叫人欣羡不已。假如你也能够把自己人格升华、道德增上、慈悲善心扩大,这就是所谓道。

所以,人在世间,金银财势不是最富贵,权利名位也非最富有,重要的是有没有"道"。一个有道者,比拥有名利富贵更为人所敬仰。

何谓"道",遵循以上四点,就不难体会了。

路

你走过路吗？小孩子出生，第一个就要让他学会走路；进入佛学院读书，第一堂课也是教你如何排班走路。可见走路是人生一件重要的功课。路有很多种，火车在铁路上行驶，汽车在公路上奔驰；飞机航行在天际中，船只运行在海中央。人生有多少宽广大路？有多少崎岖小径？有的人在巷道里，绕来绕去绕不出来；有的人在康庄大道上，却不知道前途目标在哪里。走到好路，走到不好的路，有时候也难以抉择。在此提供四种路作为参考。

第一，船的路是海洋

船要走路，走什么路？汪洋就是船的路。多少客船，多少旅人，远渡重洋，行走他乡；多少商船，多少货柜，飘洋渡海，载至远方。有船，海洋给游子带来归情；有船，海洋给商人带来希望。

第二，灯的路是夜晚

我们点的灯也有路，灯的路是在哪里？夜晚。夜里给人不安恐惧，黑暗让人迷失方向。有了明灯，夜晚会给迟归的人安心；有了光明，黑暗中，迷路的人就有了目标。

第三，人的路是行善

人也要走路，人走什么路？有两条路，一条是善路，一条是恶路，当然我们要走善的那一条。行善，引导人们走向美好；行善，可以让人获得幸福。但是，有的人是"天堂有路他不走，地狱无门闯进来"。他偏要走上恶路，那也只有等到他尝到恶果，幡然醒悟时，才有回头转身的路了。

第四，道的路是悲智

所谓"道路"，道就是路。道的路是什么？慈悲和智慧。佛陀有"两足尊"之称，因为他悲智双运，所以福慧具足。因此，我们修道，就要以行佛为路。行佛，就是行佛陀之所行，因为晦暗的世界，唯有佛日慈悲才能增辉；蒙眬的人心，唯有法灯智慧才能照亮。我们学道，以悲智为路，慈悲如两足，能遍行各地，了无障碍；智慧如双目，能洞察真伪，发现实相。你用慈悲待人，彼此会和谐自在；你用智慧处事，凡事会顺利圆满。飞鸟以翱翔为路，鱼儿以悠游为路；军人的路是服从，哲人的路是思考；商人勤奋就有致富之路，农夫耕作就有丰收之路；吾人在人生的道路上，应该走什么路？

走信仰的路，走慈悲的路，走诚信的路，走真心的路。你要走奉献众生的路，要走服务社会的路？我对自己、对大众铺好了什么路？

条条大路通罗马，种种大道入长安；羊肠小路不好走，穷途末路不可行；不管你走什么路，就是千万不要走上"不归路"。

学道的方向

无论信仰宗教或是道德的养成,想要探究真理,深入精髓,都需要经历一番身心的努力。学道,是一个十分耐人寻味的过程,偶尔难免会迷失,但只要不失方向,最终必能彻见真理风光。如何看清自己学道的目标与方向,有以下四点:

第一,道之成在我

一位信徒问赵州禅师:"如何参禅悟道?"禅师不予理会,撇撇嘴说:"我要小便去。"走了几步,停下来回头告诉信徒:"你看!这等小事,还要我自己去,别人替代不了啊!"这意思是,学道是自我挑战、自我超越的过程,点点滴滴,都需要亲身经历,如实感受,才能内化成为生命的体验。因此,道之所成,是要靠自己去实践、去圆满的。

第二,道之行在时

世间万事万物的完成,都需要时间的酝酿。好比花苞要经过时间的含待,才能绽放,鸡蛋也需要时间的孵育,小鸡才会诞生。修道也是一样,所谓"没有天生的释迦,没有自然的弥勒",要成熟心志、坚固道心,时间的历练与耐心的养成,是不可缺少的重要因素。

第三,道之美在人

道之美,在于人的实践彰显。像佛陀时代担粪尼提、贫女难陀,他们的身份虽然卑贱,生活穷困,但心中对法的恭敬与供养,却是无上庄严清净,流露的道气,也因而美丽高贵。学道的人,重视的是内在的修持,以道德涵养自心,庄严自己,才能显出道的美。

第四,道之证在修

佛教有所谓"修所成慧",意即透过实修来体证自我的心性是否觉悟,道业是否增上。修,就是实践,就是行持。好比要获得一项专业技能,必须自我努力修习、专研,才能获得;一如道业的成就,也要透过修行、内观、参访、服务等种种法门,以体验宗教精神,体证真理。因此,道之证在修。

学道,不必拘泥身份,出家是学道,在家也一样可以学道,二六时中,各行各业,都不妨碍学道,学道也不妨碍工作。

调适生命之道

人生难免会有起起落落,若能懂得调适,逆境也会成为顺境。生命需要调适,尤其是观念的调适最为重要;拥有平静的心灵,才能拥有善美的人生。调适生命之道有四点建议:

第一,学习吃亏能养德

比较、计较的日子不好过,因此人要学习吃亏。吃亏只是一时之失,得到长久的心安,讨便宜虽是一时之胜,却难保永久的胜利,好比兄弟相处,若互不相让,则有兄弟阋墙之虞;朋友之间若互相占便宜,则不得深厚友谊。所以,从吃亏中学习退让,久而久之,人的气量就会增大,人缘也就更广了。

第二,人我互调能慈悲

要做好人际沟通,最强调的就是同理心,处处站在他人的立场来看事情,待人才能更圆融。如果每个人在埋怨别人前,都能人我互调地去考量别人的言行,那么也就不容易起嗔心。好比你是一名员工,就必须考虑到主管的难处;你是主管,就应该照顾到员工的利益。凡事都能"待人如己",为他人着想,才能和他人友好相处。

第三，当然如此能自在

一个人想要拥有智慧，观念的建立很重要。受苦时，不以为苦，想当然也；受挫时，绝不灰心，想当然尔。能够坦然接受人生的各种考验，生活才会过得自在安忍；凡事如果都认为自己有理，则经常要怨天尤人，人生不易成长，唯有去除我见、我执，当然如此地接受，才是一种进步。

第四，享有就好能常乐

人生不一定要拥有，享有就好。好比山河大地虽然不是我的，但是我可以悠游其中；别人拥有古董，宝贝不是我的，但是我的眼睛能够欣赏。富有之人，即使拥有广厦千间，患得患失，又有何幸福可言；平民百姓虽然没有荣华富贵，却能随心所欲，安然自在。有的人见不得人家拥有，给予抢夺、侵犯。

其实，能随喜赞叹，享有欢喜不是更好吗？世间不可能样样拥有，但是享有的乐趣却是无穷尽的。

调适生命是人一生的功课。人人若能调适生命，生命净化，社会也将呈现一片祥和。

修道者以何为法乐(一)

思想是人类生命最重要的轴心,以正知、正见为首的"八正道",是生命积极的道路。所谓修道或修行,最重要的就是对于人间事物赋予积极、正面、欢喜的眼光,对生活重新估定价值,以此清净、解脱与"缘起性空"相应的新价值观,走向圆满究竟的生命。所以修行者当以实践新价值观为其"法乐"。修道者以何为法乐?

第一,以自我革新为乐

凡有心修道者,应在自心中常念:世间无常迅速,生命在呼吸间,怎能浪费珍贵的时间在无明与烦恼之中?修道者认清生命的事实,但求转烦恼为菩提、转黑暗为光明、化嗔怨为欢喜,不断地革除陋习,修正自我的思想行为,从点点滴滴的小小体悟,汇集成豁然开朗的大彻大悟。

第二,以诵经念佛为乐

修道者以开悟圣者为学习目标,特别是对佛陀圣教的学习,都要实践于日常生活中。但在扰攘的红尘俗世,常会听到人们说长论短或制造是非。如果将专注于是非烦恼的心思,用来听闻诵经的清净梵音,专注在念佛的海潮音声中,会让内心生起法喜法乐。

所以，在佛门里面，与人打招呼，以一声包含祝福对方无量光明与欢喜的"阿弥陀佛"，来表示自己的真诚心意。念念不离佛号，把一声"阿弥陀佛"念到一切时、一切处，走到哪里都能欢喜自在。

第三，以禅坐经行为乐

"吾有法乐，不乐世俗之乐。"这是维摩居士最有名的一句法语。学佛禅修者，可以到设有禅堂的寺院道场学习禅修，也可以抄经、拜佛、诵经、持咒等，这些方法，都能将身心上的负担放下或沉淀，体验佛法之妙，自然带来再出发的活力。

第四，以布施结缘为乐

布施结缘是事业成功的不二法门，也是家庭圆满的重要内涵，甚至做人处事、修行佛道，也离不开布施。布施还要结善缘，例如以鼓励之语言、真诚的赞美来激励他人，能增加他人信心；布施时间，陪伴孤独，加持勇气于他人，能帮助他人破茧而出。无论对亲朋好友或是素昧平生之人，如果明白对方有这样的需求，随时一句贴心的关怀，甚至精心营造的欢乐，都能温暖人间。如果人人都欢喜布施结缘，你、我、他都能欢喜和谐、同体共生。

修道者处于世间，但在他们眼中，"慈眼视众生"比"心中只有我"更重要。他们如世人一般有着事业职务，需要日常饮食，心境却是远离红尘，与世无争，散发出与自然相应的气质，有着超然物外的情操。发心修道的人，内不着妄心，外不着妄境，不以世俗五欲为乐，内心有着更多的法喜自在。

修道者以何为法乐(二)

有志修行者,既以人间为道场,平时应注重群我关系,关怀身心家国世界,适时给人欢喜、给人信心、给人希望、给人方便,又能"以众为我",以"有愿担当"为荣,以"力行实践"为乐,为人间增进真善美的境界。什么是修道者的快乐呢?以下列举四点:

第一,以奉献服务为乐

一般人的想法,总以为自己过得舒服最快乐,修道者却认为,要能奉献生命的光与热,才是长久的快乐。因此,他们发心做义工,投入小区服务,为伤残人士争取福利,帮助特教儿童等。他们奉献一己之能,以助人为乐,乐此不疲。以服务奉献为乐之人,具有菩萨的性格,提升自我的人格也比一般人快速,心中也比一般人法喜。这就是投身服务工作带来的附加善果。

第二,以感恩知足为乐

世间上有钱、有权、有名、有利的人,如果少了感恩知足,就会过得空虚而缺少内涵。缺少物质还不是生命的大患,生命缺少感恩知足的欢喜,则一生悲苦不平、扰攘不宁。做人做事要能感恩图报,甚至要"滴水之恩,当涌泉相报",因为快乐是来自于心中的能源。举例说,如果老板不懂得感恩员工,只知压榨员工血汗,公司业务必然难以发展,甚至很快面临困境。员工不知感恩公司,只知索求无度,劳资双方都会两败俱伤。反之,如果能够彼此感恩,互相体谅,以真心诚意研讨得失对策,必定能够合作无间,大展宏图。

第三,以随缘方便为乐

修行的法门为什么会有"八万四千种"呢?因为"法"是为人而说的,又因为每个人的根基不同,所以要有许多方便法门来对治。但这些法门都不离开重要的轴心,在佛教谓"观机逗教",在儒家曰"因材施教",只要随顺众生的觉性,随缘方便度化,应机说法,无论是本身的修行,或在日常生活中助他、度他,必能在随缘中得到自在。

第四,以宣扬正法为乐

佛陀在菩提树下证悟成佛后,立即到鹿野苑转法轮、度化五比丘,打开了世间光明的大道。此后四十九年间,为宣扬正法而行脚弘化,直至涅槃。佛陀十大弟子中,说法第一的富楼那尊者,乐于到偏远蛮荒之地弘法;印度弘扬空观思想的圣僧龙树、提婆菩萨,弘扬唯识思想的世亲、无着菩萨,都是将一生奉献给弘扬佛法的工作,今日才有这些生命的佛法明灯,照亮千古的轮回之路。今日的修行者,也应以弘扬正法,流传世世代代的未来,报答佛陀及先圣先哲的恩德,圆满本身的功行。如此,有能力为正法尽一己之力者,乃是世间至高幸福之人。

如是,修道者从奉献服务中升华生命,从感恩知足中充实内涵,在随缘方便中安顿身心,于宣扬正法中圆满自他。

求道四心

大部分的人在不同阶段都会有所追求,童年、青少年时期要求学;长大成人要追求婚姻伴侣;毕业后要追求具足财富、事业发展等等,在各方面都有基础后,他可能对这世间种种物质外在感到不能满足,因此他开始求道。求道也要有求道的心,才能有所成就,以下四种心是必须具备的:

第一,能舍一切所有而不望报

有的时候,我们懂得布施、懂得慈悲、懂得服务,但是,在布施、慈悲、服务之余,总希望别人能回报于我们。一有这种贪求望报的心理,就不是真的"道",不是真正的功德。求道的人,他能舍一切所有而不望报,就好像太阳普照大地,而没有要求大地万物回报它,所以太阳才成其扩大、成其普遍、成其永恒。

第二,能失生命财产而不舍法

一个求道人,他宁可以损失财产,甚至牺牲自己的生命,都不会舍弃自己的道、自己的佛法、自己的信仰、自己的宗教。能视自己的道德、人格、信仰更重于生命财产,把道、信仰看成比生命财产还重要,这才是求道之心。

第三,能信甚深因果而不疑惑

有时候,有的人对于自己一时的荣辱得失际遇,就心起怀疑,不信因果。所谓"种瓜得瓜、种豆得豆""善有善报,恶有恶报",因果是不会错误的,因果的法则,比计算机还要准确,对于甚深因果不要疑惑,它不是宗教教化的戒条,而是我们心中的一把尺,度量自己的命运。因此,深信因果,就能为自己承担、负责。

第四,能持清净戒法而不毁犯

所谓"戒为无上菩提本,应当一心持净戒。"戒是迈向解脱自在的法门,持戒是一种"己所不欲,勿施于人"的慈悲心与菩萨道的具体表现。因此,我们可以看到许多修道者,甚至只是一个沙弥,对矜持的信仰戒条,都不会轻易去毁犯。守持戒律时,应把握戒的基本精神,才不会拘泥戒条的形式,而能与时俱进,安顿身心,净化社会。

求道是为了升华我们的人格,为了净化我们的烦恼,为了扩大我们的心胸,为了庄严我们的世界,让我们的生命更长久,更有意义。以上求道四心,是我们应抱持的信念。

道心

在佛教丛林里看人,不一定看他的聪明、能力,主要是看他的道心。他爱护不爱护公家的物品,这就是道心;他对大众护持不护持,这就是道心;他对团体尽忠不尽忠,这就是道心;他对奉献服务勤劳不勤劳,这就是道心。此外,什么是道心?有四点说明:

第一,直心无谄是道心

直心就是没有谄曲、没有献媚、没有逢迎、没有虚假,一就是一,二就是二;直心才容易入道,所以在《维摩经》里说:"直心是道场。"平常我们与人交朋友,乃至待人处世,也要用一颗平直无谄曲的心,才合乎道德;如果没有直心,缺乏真诚,那就不合乎道德。

第二,正心无邪是道心

正心就是公正平等之心。一般人的心,都是不平等的,对于我所亲爱的人,或是我的同学、我的同事、我的同乡,就对他好一点;我所不爱的人,或是跟我不同思想、不同种族的人,就对他差一点。因为不能用平等心待人,所以有偏见、有邪见,这就难以入道;能够正心无私,才是道心。

第三,真心无伪是道心

真心就是没有虚假、没有污染的心。一个人若无真心,做事容易起烦恼;一份"真心",内含恭敬、平等、慈悲、智慧、谦虚等美德。所以有真心的人讲话,都是真实语、如实语、不异语、不妄语;做人也都是真实、单纯而没有虚假,这就是道心。

第四,慈心无暴是道心

佛经云:"慈能与乐,悲能拔苦。"慈悲心就是给人欢喜,给人快乐,给人幸福,给人方便;能够拔除别人的痛苦,消除别人的困难,就是慈悲心。

有慈悲心的人自然不会用暴力待人,也不会用欺骗的手段或耍各种计谋来打击别人,这就是道心。

学道的准则

世间上每个人追求的目标都不一样,有的人一心只想赚钱,有的人醉心迷恋于爱情,有的人希求名闻利养,有的人志在求道修行。

在佛门里有所谓"道高一尺,魔高一丈"。求道学法的人最怕心态不对而走偏了路,甚至着了魔道,所以有心学道修行的人,应该注意六点:

第一,不得贪求神通

学道的人有时候希求神通,例如天眼通、天耳通、他心通、神足通、宿命通、漏尽通等,佛教称为"六通"。但是一个人有了"神通"真的很好吗?比方说有人在背后毁谤你、批评你、谩骂你,你没有天耳通,听不到,日子比较安然好过;如果你有了天耳通,但却没有很好的修养、道德,你听到人家批评你、毁谤你,心里一定不好受。你有天眼通,别人瞒着你做一些对不起你的事,你也会很难受;如果你没有天眼通,看不到,自然"眼不见,心不烦"。所以,学道的人如果自己的成就、道念还没有到达一定的程度,最好还是不要贪求神通,有神通未必是好事!

第二,不能用心邪道

有的人学道总是抱着一份好奇心,希望这个也学、那个也学;这个参加、那个也要参加。其实,平常心就是道,不必好奇;你念佛,就把一句佛号念好;你打坐,就好好地老实打坐。尤其学佛修行,最重要的就是正见,千万不能用心邪道,否则学道不成反为魔用。

第三,不必希求妙果

一般学道修行的人,莫不希望赶快开悟,马上证果,马上得到许多玄奇神妙的灵异。由于最初的用心不正,所谓"因地不正,果遭迂曲"。这也是学道者所应注意的。

第四,不可自生疑虑

信仰宗教的人,应该依着善知识指导修行,千万不可自己盲修瞎练,或是患得患失,心里产生疑虑,这是自寻苦恼,自找麻烦!

第五,不起恐怖妄想

学道的人,懂得"如是因,感如是果",就没有什么恐怖的。因为自己没有造下恶因,自然不怕自食恶果;反之,如果你造下了五逆大罪,即使怕堕地狱,也不是怕就能躲得了的。所以自己要有信心,不必恐怖!

第六,肯定自心是佛

学佛的人对自我的尊重,尊重自我的性灵,尊重自我的佛性,尊重我自己"自心是佛",这是最重要的。所谓"即心即佛""即佛即心",你有信心自己可以成佛,那么世上还有什么事不能成的呢?

超越世间

世间人为了生死，悲喜交替；为了生计，忧悲苦恼；为了贫富，斤斤计较；为了有无，惶惶不安。一天当中，忽悲忽喜，忽苦忽乐，好像热锅上的蚂蚁，失去了方向。因此，在这一个动乱的生活里，总想有一点解脱自在的生活，超越现实，超越对待。如何超越呢？有四点意见：

第一，要视生死一如也

一般人以为生可喜、死可悲，开悟的禅师却视生死一如，坐脱立亡，来去自如。生死，也是观念的转变。过去有位母亲想要寻死，老和尚告诉她："既然你生命不要了，就把它奉献给佛教吧！"她若有所悟，从此在服务的义工生活里，获得欢喜，也获得重生。生死是什么？如薪尽火传、如蝉脱壳，此死彼生，"生未尝生，死未尝死"；视生死一如，就能超越限制，超越轮回。

第二，要视苦乐一味也

在中药里，甘草味甘，具清热解毒之效；黄连味苦，亦可解热去毒，可见甘苦同功也。练功，下苦功夫，才会有所荣耀成就；小丑，内化辛酸，带给世人欢乐，苦乐亦是同体也。能将苦乐调为一味，认知苦是一种奋斗、一种增上、一种成果,也就能"处苦境不觉得苦,处乐境也不以为乐",超越感受,体会中道的生活。

第三,要视贫富一念也

人生的幸福快乐,贫富不是绝对的条件,也不是判定人格尊严的标准;有人粗茶淡饭不改其乐,有人富甲一方,仍然忧愁烦恼。如果心里拥有满足、欢喜、豁达、缘分、平安,即使身无立锥之地,也可以超越贫富,享有三千大千世界。

第四,要视空有一体也

大部分的人视"空"和"有"为截然不同的境界,"有"的,就不是"空","空"的,绝对不可能"有",用二分法把空、有的关系一刀两断。事实上,空、有是一体两面,好比手心和手背都是肉,又好比孪生兄弟,两者相需相求、相生相成。如同杯子空了,可以装水;口袋空了,可以置物。认识空有一体,可以发挥无限。

超越世间,就要超越对待,就要超越分别。所谓:"犹如木人看花鸟,何妨万物假围绕?"面对纷扰生活,面对万花世界,内心不会动摇,这就是超越。

修道者的心

现在世界上有很多的宗教,不管信仰什么宗教的人,都要讲究修道。修道者要有修道者的心;如果光有一个修道的名,而没有修道的心,那也是徒具虚名。

什么是修道者的心呢?有四点:

第一,浓淡,要有不拘的中道心

在这个世间上,人情有浓有淡,有时候别人对我们表现得很亲、很浓,有时候又觉得很疏、很淡。在时浓时淡的人情里,有的人容易患得患失,所以就被人情束缚了;如果你能具有浓淡不拘的中道心,那么你就能获得解脱自在,这就是一个修道的人。

第二,顺逆,要有不忧的雅量心

顺境、逆境,这是人生必然的境遇!有的人顺境来了就好高兴;逆境来了就很烦恼、很排拒,这是表示自己没有力量,不仅忧愁担当不起,欢喜也没有修养接受,所以在顺逆的境界里动荡不已。假如能够有顺逆不忧的雅量心,就如同弥勒菩萨的乾坤袋,好和不好都放到他的乾坤袋里,何等自在!所以,我们要想学习布袋和尚的自在,应该要有顺逆不忧的雅量心。

第三，哀乐，要有不入的平常心

荣枯、哀乐，这也是人生的实相。能够做到哀而不伤、乐而不纵，喜乐悲哀都不会侵入我的心里，我都能消融它、化解它，这就是一种修道者的心了。

第四，有无，要有不计的平等心

世间上的人，每天总在"有无"里计较：有钱财，无钱财；有人喜欢我，没有人喜欢我；我有了一栋大楼，我又倒闭了。天天就在"有无"里面上下起舞，终日不得安宁。如果我们能够懂得，有，有也不是我的，是共有的财产；无，无也没有关系，无是无量、无边、无限，无会更多。能够有这种"有""无"皆不计较的平等心，那就能与道相应了。

日常修行

修行非口号、形式,而是要将佛法运用到生活里。修行离开了生活,离开了人间,就没有修行可言。日常中怎么修行呢?以下提出四点:

第一,以念佛来制心一处

"念佛一声,罪灭河沙。"念佛有殊胜的功德,因为佛号可以驱逐我们虚假分别的妄心。尤其当心烦意躁时,一心一意称念佛号,念到心无染着,自然就能放下身心挂碍的世界。念到"佛即是我,我即是佛",念到自己佛性出来,那就达到念佛的目的了。

第二,以数息来呼吸顺畅

要对治妄念,可以用念佛法门;对治散乱,则可用数息的方式。《六妙法门》云:"于数息中,证空静定,以觉身心,寂然无所缘念。"数息就是数自己的息,呼气、吸气,这一呼一吸称作一息。呼吸要长短分明,缓慢地一进一出。调至呼吸平稳,气息不粗喘,慢慢地,平常生活、待人处事中,也就能不慌不忙,气定神闲了。

第三,以感恩来惜福爱物

常怀感恩心,是做人处事重要的修行。感恩是美德,感恩是富有。因为感恩,所以能懂得惜福爱物,不致浪费。匮乏的人,总想从别人那里获得什么;富有的人,却是心存感谢,时时想要施与别人。这个世界不是只有自己一个人,东西要能与人共有共享,才能共荣共存。能够懂得感恩、惜福爱物、分享布施的人,就是人生最大的富有者。

第四,以忏悔来反省言行

"人非圣贤,孰能无过"。一个人最怕的不是犯了过失,而是犯了过失仍然不知道悔改。好比陷入错误的泥淖里,若能及时回头,仍可得救;如果一意孤行或自怨自艾,耽溺于过失中而不肯自拔,则将愈陷愈深,终致灭顶。所谓"不怕无明起,只怕觉照迟"。当无明烦恼生起现行时,只要察觉并懂得忏悔,仍然是个清净善良的人。个人常常忏悔,言行就会进步;人人都有惭愧忏悔的心,人我之间就没有争执,这个社会就会共生吉祥。

修行是实践的功夫,是从身心行仪里流露出来的道德、涵养。有修行才有福德,人生也才会圆满。

现代的道场

自古以来,寺院就是艺术的殿堂,佛像雕刻、绘画,乃至寺院本身的建筑之美,令人自然心生宁静祥和之感。置身其间,聆听晨钟暮鼓、磬渔梵唱,带给人心灵的净化、精神的鼓舞、思想的启发,对社会人心产生一股道德的自我约束力。时至现代化的今日,道场的功能又扩大了,有哪些功用呢?

第一,传统与现代结合

传统丛林有着早晚课诵、钟板号令、禅修念佛与法会等修持特色,现代的寺院,除此之外,更具有现代化的设备,如千人用餐的斋堂、宽敞的会议室、讲说的经堂、方便的视听室等等,针对不同根机的众生,给予契理契机的接引因缘。结合寺院传统的特色与现代化的功能,发挥净化人心、改善社会风气的力量更大。

第二,僧众与信众共有

过去的寺院道场都是出家人所有,过去的佛教,也主要靠出家人来弘扬发展。时至今日,佛教已经传播到全球五大洲,仅凭少数出家人的努力,显然不足;尤其随着教育的普及,在家众中,才学丰富者也不在少数。因此,现代化的寺院道场,在一个教主佛陀的感召之下,寺院道场为僧信二众共有,彼此敞开心胸,相互融和帮助;在一个人间佛教的信仰之下动员,彼此尊重包容,共同发挥弘化的力量。

第三,行持与慧解并重

现代的寺院道场,有着行解并重的功能。所谓:"行在禅净双修,解在一切佛法"。除了禅堂、念佛、礼忏、法会等共修课程,让身心达到安定、净化之效,并有讲经说法,以增进慧解,消除烦恼。此外,也举办各种社教课程、活动,从自利利他中,福慧双修、知行合一。

第四,宗教与艺文合一

传统寺院本来就具有艺文之美,雕梁画栋、歌呗赞咏、诗书画作等,都给予众生不同的心灵感受。现代化的寺院道场,更是重视艺文的内涵,其举办各种文学、心理、艺术等讲座,各种讲习会、读书会、研习营,并设有滴水坊、陈列馆、展览馆、宝藏馆、美术馆等,可以说,让佛教与艺文结合外,更展现寺院多元化的功能。

佛教寺院的意义何在?世间的钱财,只能拯救肉身生命,济人燃眉之急,但无法熄灭贪嗔痴三毒;佛法的布施,能更进一步地净化心灵,孕育法身慧命,使人断除烦恼,了生脱死,其影响及于生生世世,这才是最彻底的慈善事业。今日现代化的佛教,寺院道场就是学校,就是加油站,就是百货公司,它净化我们的心灵,丰富我们的生活,扩大我们的愿心,升华我们的生命。

修行

修行不是专指宗教的行为,也不只是外表的形式,而是内心道德的养成,人格的升华。所谓"有德者得民心,有道者受人钦",春秋时期,宋国宰相子罕注重修行,贤名远播,即使宋国受到三个强国包围,都没有受到侵犯;战国时期,魏国的段干木德行高尚,秦国因尊重他而撤兵。如何是修行之道?有四点意见:

第一,处众时,要有敏锐的触觉

大众犹如一个大冶洪炉,冶炼每个人的性情。处在形形色色的大众中,待人处事,都要培养敏锐的觉知。像处理事情时,要能从一个点联想到其他的点,由点而线,再由线考虑到全面,对于事物能有整体的观念,时空都能拿捏得恰如其分,就不会挂一漏万。

第二,劳动中,要有植福的观念

许多年轻人畏惧劳动,害怕劳动,这样容易养成懈怠懒惰。佛门里训练人才,经常要他从搬柴运水、舂米种菜、厨房典座、行堂扫地,为大众服务开始。甚至连百丈禅师都说:"我无德劳人,人生在世,若不亲自劳动,岂不成废人?"由此可知,从劳动中培植福德,不仅学习谦卑忍耐,也养成坚韧的意志。

第三,布施时,要有无相的慧解

佛门里常对布施者赞叹说:"功德无量。"所谓无量,不在数字的大小,而在发心。你心量有多大,结的缘就有多广。《金刚经》云:"若菩萨不住相布施,其福德不可思量。"也就是说,布施时,不执着有布施的我、布施的东西,以及受布施的人,当然更不心存回报的念头。如此布施,自然了无牵挂,自、他都自在。

第四,心灵内,要有道德的基础

西晋名将羊祜,无论为官或治军,皆重视仁德,并为朝廷举荐人才,不为人知;在阵前,他厚待敌军降将,使得归降者愈来愈多。宋朝赵概位居翰林学士,为人仁慈宽厚,救济他人,严谨行事,克己修身,每日以黑豆计算恶念,黄豆计算善念,随时内省策励,终于成为德行高尚之人。

修行不需到远处,而是要从日常自我的修正做起,超越自己,健全自己,进而开发生命内涵与意义。

修行之人

修行,含有实习、修养、实践之意;简单地说,就是修正自己的行为。宗教本即有信仰与修行的双重要求,以佛教而言,行者自身欲实现佛陀体验之境界,而专心精研修养,则称为"修行";而实行修行功夫者,则称之为"行者"。一般来说,我们看到出家人,便说这是修行的人;看到学佛的居士,也说这是修行的人;或者看到吃素的人,甚至看到有道德、有慈悲的圣贤,也称之为有修行的人。到底什么是修行之人?有四点看法:

第一,能为众生说因果

一个人可以不信佛教,但不能不信因果,所谓"善有善报,恶有恶报;不是不报,时辰未到"。善恶因果是非常科学的法则,一个人有了因果观念,就不敢为非作歹;有了因果观念,就不至于乱了自己的生活,乱了社会的秩序。因此,凡是能为人宣说因果道理的人,就是修行之人。

第二,能为众生解困厄

当众生有困难、苦厄时,我能帮他解除,就等于他挑的担子太重了,我帮他分担一点;他心中的障碍太多了,我替他分忧解劳。

尤其能用佛法让人远离无明，让人解除心里的烦恼、束缚，这样的人也可以称为修行之人。

第三，能与众生共患难

有的人有福能同享，有难却不能同当。一个修行的人，当别人有了困难时，应该立刻给予帮助。例如当别人需要协助的时候，给他一些助缘，陪他共渡难关；当别人伤心、失意时，给他一个笑容、一句鼓励，助他走出心情的低谷。像这样的人，也是修行之人。

第四，能与众生共安乐

愿意与人共患难的人固然难得，有时当别人欢喜快乐时，也要能随顺众生，跟着大家一起同乐。如果别人欢喜，你却哭丧着脸，不但自己痛苦，也破坏别人欢喜的心情。因此，当别人快乐时，不能破坏他、忌妒他、伤害他，而要懂得随喜赞叹，懂得助人之兴，懂得与大家共安乐，这种人也可称为修行之人。

所谓"修行"，不一定要每天诵多少经、拜多少佛、做多少功德善事；重要的是能在生活中，时时做好事、说好话、存好心，随喜随缘的助人、与人为善，这就是最好的修行。

修行之要

我们常听人说：要"修心养性"，"心"固然要修行，其实身体的六根，眼睛要修行，耳朵要修行，嘴巴要修行，五官四肢都要修行。所以，修行之要，也不光只是修心，而是应该从身到心，里外都要修行。

兹有四点意见提供参考：

第一，面上无嗔是供养

佛教讲供养，一般信徒对佛菩萨有"十供养"，就是香、花、灯、涂、果、茶、食、宝、珠、衣。其实我们对人最好的供养，也不一定要在物质上讲究，有的人送红包、送水果、送纪念品，但是如果没有真心诚意，板着一个面孔，也没有意思；倒不如一脸真诚、无嗔地微笑，更能给人欢喜。微笑是最美丽的色彩，世界上哪一个人不希望看到别人对他微笑呢？所以，"面上无嗔"，这是最好的供养。

第二，口中赞叹出妙香

现在是一个很重视色彩、声音的时代，我们除了脸上要常保笑容以外，口里更要经常有赞叹的音声。你看，现在的广播电台、电视公司，都很讲究音响，有的音响音质很美，价值几十万元；有的音响杂音很多,只值几千元钱。音响有好坏,我们人的口也有好坏,有的人一开口说话,就是要损人,所谓"狗嘴里吐不出象牙";有的人说话如天籁,如花香,让人听了心花怒放,乐于亲近。能够说出让人欢喜、受用的话,才有价值,才是最好的供养。

第三,心里慈悲无价宝

一般人的心中,经常被贪嗔痴所占据,所以要"修心"。心要怎么修?最要紧的是修出慈悲来。佛教讲"慈悲为本,方便为门"。慈悲的定义就是"慈能与乐,悲能拔苦",能够带给别人快乐,拔除别人的痛苦,这就是最好的修行,也是最上的无价之宝。

第四,佛光普照福寿康

常有人问"佛在哪里"?佛在常寂光净土里,佛在极乐世界里,佛在虚空法界里,这种种的说法都没有错。但是,学佛最重要的,要把佛修到自己的心里来,要把佛修到自己的感觉里。假如你的心中有佛,你感觉得到佛的存在,你能与佛的法身同在,所谓"佛光普照",自然能够获得福寿永康宁。所以,我们讲修行,最好是六根互用、六根共修。

六根修行

常听人说:"人要修心养性。"其实光是修心还是不够的。人体有眼、耳、鼻、舌、身、心等六根,他们每天接触六尘,攀缘外境,引诱我们造作种种的恶业,因此佛经形容六根如同六个盗贼,时时在窃取我们的功德法财。我们要如何避免受到"六根"所害,就是要做好六根的修行。六根如何修行,说明如下:

第一,眼能见己身之过

一般人的眼睛,都是用来看别人的过错,却看不到自己的缺失,因此整天讨厌这个、不满那个。如果我们能改变自己,不再光看到别人的不是,而能"反观自照",看到自己的过失、自己的不是,这就是眼睛的修行。

第二,耳能闻逆耳之言

俗语说:"良药苦口,忠言逆耳"。一般人的耳朵,只喜欢听别人赞美我,说我的好话,但对朋友诚恳的忠告,却是置若罔闻,甚至心生反感。如果我们现在能欢喜纳受别人的规过、劝谏之声,甚至"闻过则喜",这就是耳朵的修行。

第三，鼻能嗅圣贤之香

有人形容，鼻子追逐香臭之味，就像"探子"打听军情一样，可见鼻子的敏锐。不过一般人的鼻子，一天到晚只是追逐饮食的香味，如果我们能进而嗅到圣贤道德的芬芳之味，这就是鼻子的修行。

第四，舌能尝真理之味

舌能尝鲜，是谓"口福"，一般人更以能够尝尽天下的珍馐美味，是为莫大的福报。不过，"病从口入，祸从口出"。这也是人尽皆知的道理，所以我们最好要让舌头经常咀嚼真理的法味，进而能口宣佛法真理，这就是舌头的修行。

第五，身能触清净之境

人的身体喜欢接触冷热适中、柔软细滑的东西，所以我们要坐沙发、睡床铺，享受冷气等。如果能偶尔到寺院道场去禅坐、礼拜、端身、正直，让身体感触清净的境界，这就是身体的修行。

第六，意能思慈和之乐

俗语云："人不为己，天诛地灭。"一般人每天心心念念想到的，都是自己如何获利、如何扬名、如何发财、如何成功。如果我们能够进而想到：我要慈悲，我要公正，我要和平，我要助人。尤其要能够有"但愿众生得离苦，不为自己求安乐"之念，这就是心的修行。

修行非口头上、意念上、说给人家听的修行，而是要能真正地去实修、实行。修行不必谈了生脱死，先把六根修得好，就已是功德无量。

眼根修行

眼睛是灵魂之窗,如果没有眼睛,不但生活上将会造成诸多的不便,而且无法欣赏到五彩缤纷的美丽世界。不过凡事有利亦有弊,眼睛有时候不当看而看,或是看错了,也会造成人际之间许多的是非与纠纷。如何才能发挥眼睛应有的功能而不致产生麻烦,首先要做好"眼根"的修行。有四点说明:

第一,我们要修慈眼

慈悲是人间最美好的无价之宝,观世音菩萨所以能被家家户户所信仰,就是因为观世音很慈悲。所谓"慈眼视众生",能以慈悲的眼睛看人,人人都是菩萨,所以我们不要用怀疑的心眼看人,不要用不信任的眼光看人,不要用先入为主的观念看人,而要以慈悲心待人,以慈悲的眼睛看人,则不但所遇都是诸上善人,其实当下自己就是慈悲的观世音。

第二,我们要修慧眼

慧眼就是真理的眼睛、智慧的眼睛。一个人能透过般若智慧的眼睛来辨别是非、权衡轻重、知道善恶、了解好坏,这就是慧眼。有很多人不明理,就是因为智慧不够,看不清事实真相,所以能修出一双智慧的眼睛,才不会被假相所迷惑。

第三,我们要修法眼

法眼就是对真理的认识,例如对生从何来、死往何去,对宇宙的起源与还灭,乃至对一个人的生、老、病、死,对世间的成、住、坏、空,对心念的生、住、异、灭等,我们要用法眼去透视。法眼就如显微镜,再细微的事物,经过显微镜一放大,真相就会显现出来。所以我们要修出一双法眼,才能看清人生实相。

第四,我们要修佛眼

佛就是觉悟真理的人。能用佛眼看这个世间的一切众生,彼此都是平等无差别;能用佛眼看这个世间上的众生,都如佛子罗睺罗,所以佛眼就是智慧、就是慈悲。能用佛眼来观照人间,世间人人都是佛;反之,你用仇视的眼睛看人,人人都是冤家对头,唯有用清净的双眼,才能见到清净的自性。

每个人都有一双肉眼,但是肉眼所见有限,肉眼只识大不观小,所以,"眼根的修行",除了要修出一双慈悲的眼睛、智能的眼睛以外,进而要修法眼,要能见到过去、现在、未来,且能看里看外、看大看小,甚至要修"佛眼",所谓"佛观一钵水,八万四千虫"。不过眼根修行更重要的还是要多看自己,要检讨自己的过失;要看别人,以期见贤思齐;要看世界,以拓展自己的心胸;要看未来,以建设人间净土。

耳根修行

人的习气,耳朵喜欢听"赞美语"、"秘密语"、"是非语"、"甜言蜜语",甚至无修养、无意义的话语;唯独不喜欢听"劝诫"、"忠告"的逆耳之语,这些都是不会听话。真正会听话的人,不但是"非礼勿听",而且要能善听、谛听、兼听、全听。关于耳根的修行,说明如下:

第一,要善听

人要善于听话,才会进步。所谓"善听",就是能把不好的话都听成是好话;反之,不善听的人,有时候好话也会听成坏话。中国的四大菩萨,观世音菩萨骑鳌鱼、文殊菩萨骑狮子、普贤菩萨骑大象、地藏菩萨座下骑的就是叫"善听"的白犬。会听话的人,所谓"佛法如大海,流入阿难心";不会听话的人,左耳入,右耳出,把别人的话当耳边风,甚至"闻善言不着意",这就是不会听话。

第二,要谛听

"谛听"就是要认真听、注意听,不要听错了!有时候下属对领导报告,领导没有用心听;有时候领导吩咐部下,他只听了前面的一句,后面没有听完全,这就是没有谛听。所以耳朵的修行要会谛听,像《金刚经》里释迦牟尼佛嘱咐须菩提要"谛听!谛听!"就是不要听错了。

第三，要兼听

兼听就是不能只听一面之词，要采纳各方的建言，所谓"兼听则明，偏听则暗"。懂得兼听的人，他能"闻一知十"；不会兼听的人，听了十句，他只懂得一句、两句。所以，弘法传教之人能兼听，多听别人的意见，才能观机逗教；一般人能多听别人之言，才能善解人意、才能融入群众。

第四，要全听

全听就是不要断章取义，对于前因后果、来龙去脉，从头到尾，我都能听清楚，都能了解。因为一切事必有它的前因、有它的背景、有它相关的历史因缘。历史，不仅记载了先人努力创业的经过，亦为后人留下了祖先永恒的智慧；透过对历史的认识，可以找到真正属于自己的根。所以听话要全听，没有全听，就不能完全了然。

目不能自见，鼻不能自嗅，舌不能自舐，手不能自握，唯耳能自闻其声，因此，为人应该"慎言语以养其德"，尤其应该学会听话的艺术，这就是耳根的修行。

鼻子的修行

人的生命在呼吸间,透过鼻子的呼吸,生命才能经由一呼一吸而持续存在,如果有一天忽然一口气上不来,一期的生命就会终止,也就是一般所说的死亡。鼻子除了司职呼吸外,它的另一个功能就是能嗅香臭味,因而产生好恶分别,进而生起爱憎之心,乃至起惑造业,所以鼻子需要修行。关于鼻根的重要与修行,有四点说明:

第一,它是生命的泉源

人要呼吸才能生存,呼吸主要的器官就是口鼻,有时我们不小心感冒了,鼻涕直流,造成呼吸不顺畅,人就会很不舒服。或是有的人不幸发生意外,想要探知此人是否还活着,大都会先摸摸他的鼻子,试试看到底还有没有气息,一旦没有了气息,可能就是死亡了。因为鼻子关乎我们的生死存活,所以不但在人体上占有举足轻重的地位,在修行上也要靠它助长生命的发展。

第二,它如香臭的探子

鼻子是一个探子,它像情报员一样,空气中弥漫什么味道,不管是香、是臭,是新鲜的空气,或是污浊不堪,乃至有毒的煤气、瓦斯等味道,都是由它最先察觉,然后知会其他五根,进而产生好恶。一般来说,当人闻到芬芳花香,就有清净的感觉;闻到喜欢的香味,就觉得很有气氛。所以,佛教徒燃香供佛,在香烟缭绕、香味芬芳的环境里,能让我们身心自在,增加修行的效果。

第三,它作善恶的辨别

闻香逐臭是鼻子的专长,它不但和舌头一样,对味道特别敏感,如果不合其意的味道就会排斥、打喷嚏;反之,适合它需要的空气,则会尽情地多吸几口。此外,一个人的善恶好坏,鼻子也能嗅出几分,我们有时处在一个诡谲的环境里,面对一个不怀善意的人,空气中自然散发出不一样的气氛,这时鼻子也能感觉得到。所以,菜肴的咸淡要靠舌头品尝;空气的净秽、人格的善恶,要由鼻子来辨别。

第四,它懂人生的风味

人生充满酸甜苦辣、悲欢离合,这就是人生的滋味。有时候我们看到别人不幸的遭遇,自然为之鼻酸,甚至一掬同情之泪;有时候朋友欢聚的场合,总会烹调一些美味佳肴,我们也能闻香而来,同享快乐的气氛。

所以,随着鼻子的触觉宽广,我们也能感受不同的人生风味,体会各种人生百态,这也是人生的修行。

在人体六根当中,鼻子是一个很重要的器官,对人的生存和修行,都有重要的地位。

舌根修行

一个人的六根,可以说舌头最容易造罪,因为舌头不容易说好话,甚至不肯说真话,所谓"三寸不烂之舌",假的可以说成真的,好的也能说成坏的。不过,若能善用舌头,有时候"舌灿莲花",透过舌头说法,这是无上的布施;或是说一些赞美、鼓励、给人信心的好话,都能成就别人的好事,也是自己最好的修行。所以"一言以兴邦,一言以丧邦",舌头最是需要修行,有四点提供大家参考:

第一,要能说爱语

爱语如阳光,可以把温暖散播十方;爱语如花香,能够把欢喜带给众生。平时与人相处,脸上常露笑容,口中常说爱语的人,其亲切、慈悲,自然可以赢得人缘。若由个人扩而大之,让社会上人人都能常说爱语,必能创造一个充满爱心的世界。所以,"爱语"一句,不但给人欢喜,也是自己最简易的修行。

第二,要能说慰言

一个人遭逢失意的时候,朋友能适时给予几句安慰、鼓励的话,有时胜过千金的资助。因为人在挫折、丧志,对前途感到灰心绝望的时候,最需要的是精神上的鼓舞;能够重新燃起希望,重新建立信心，重新鼓舞勇气，就有力量东山再起。所以，我们平时说话，要能给人信心，这是莫大的功德；反之，说话伤人，让人丧失求生的意志，形同杀生，不可不慎。

第三，要能说善事

古人将"隐恶扬善"视为美德，今人则以"隐善扬恶"为能事。其实，中国人所谓"家丑不可外扬"，任何人都不希望自己的短处、隐私被人揭发，所以做人要将心比心。对于别人的善行好事，我们要替他宣扬；反之，别人的缺失则应尊重当事人的隐私权。所谓"扬善如报恩""隐恶是修养"，一个有道德的正人君子，能够常说好话，口宣善事，必然常保口气芳芬。

第四，要能说佛法

《金刚经》说，三千大千世界的七宝布施，不及流通四句偈的功德，所以有谓"诸供养中，法供养第一"。物质的布施，只能救济一时之贫；一句佛法真理，能够让人明理、有智慧，不但能济今生之苦，而且生生世世受用无穷。所以，一个人若能对人传授有用的知识、技能，甚至效法佛陀出广长舌，宣说佛法真理，这才是最究竟的慈善，也是舌根最大的修行。

舌根的修行，就是平时说话除了不能恶口、两舌、妄言、绮语以外，进而要说爱语、慰言、善事、佛法，让人听后心生欢喜、充满信心、提升道德、开启智慧，这就是舌根的修行。希望大家都能善护口业，好好修行，切莫造殃。

身根修行

有一个故事说,过去有一位老禅师在深山里打坐修行,有一个魔王想来吓他、破坏他的道行,因此见了禅师后,身体一变,两只眼睛没有了,只剩两个窟窿,当然很可怕!但是老禅师一点也不害怕,他说:"哦!这是什么东西呀?怎么没有眼睛呢?不过也好,没有眼睛以后就不会乱看了!"魔王发现没有眼睛并不能吓倒禅师,便又摇身一变,没了耳朵!"哎呦!怎么没有耳朵?也好,没有耳朵以后就不会随便听信谗言了!"魔王一看,吓不倒禅师,又再一变,鼻子没了!老禅师又说:"没有鼻子也好,以后就不会乱闻香、闻臭了!"魔王再变,舌头、嘴巴也没有了!老禅师又说:"哎呦!没有舌头很好,以后就不会乱说话、乱骂人了!"魔王不死心,又再一变,连身体都没有了!老禅师说:"没身体更好,既不会打人,也不会做坏事。"

老子说:"吾之大患,在吾有身。"身体是纯大苦聚,是万恶的渊薮;但是佛教认为,身体虽是四大假合而有,是虚妄不实的,然而我们必须"借假"才能"修真"。所以,对于身体,我们还是要好好照顾,更要好好修行。

身的修行有四点:

第一,要威仪端庄

佛门非常注重威仪,所谓"三千威仪,八万细行",僧伽的一袭袈裟,乃至举手投足间,都能展现威仪度众;尤其佛陀的三十二相、八十种好,更是令人折服。平时我们要注意自己的威仪,当我们跟人见面时,外表给人留下的第一印象固然重要;尤其"诚于中,形于外",外表威仪端庄的人,必然也有一颗真挚诚恳的心。能够里外一如,威仪端庄,这就是修行。

第二,要礼拜谦恭

我们平时跟人见了面,都会礼貌性地点头招呼,尤其见到长辈或圣贤的肖像,都会礼拜,表示恭敬,这就是身体的修行。另外,佛教徒平时要礼佛、拜忏、跑香、打坐等,这主要就是身的修行。

第三,要气质善良

人为什么要读书?因为读书可以知书达礼,可以改变气质;佛教徒为什么要修行?也是为了净化心灵,培养慈悲心、喜舍心、感恩心、惭愧心等。当内心有了善良的心性,自然能变化气质,表现在外的举手投足,乃至从面孔一看,自然会给人一种祥和、亲切的感觉,这就是修行。

第四,要勤劳服务

修行不是懒惰的代名词,不是隐遁深山、自修自了;真正的修行要在日常生活里,从工作中发心为人服务、为人解难、为人说法。透过勤劳服务,与人广结善缘,实践菩萨道,这才是修行的真义。

佛经说:"人身难得今已得,佛法难闻今已闻;此身不向今生度,更待何生度此身。"我们今生有幸得生为人,应该把握难得的人身,好好修行,切莫空负此生。

心的修行

佛经里有个譬喻说：人的身体就像一座村庄，在这个村庄里住了六个人，就是眼、耳、鼻、舌、身、心。他们犹如六个强盗土匪，日夜在我们身体的村庄里扰乱，使我们不得安宁。而这六个盗贼平时由心当首脑，心是大元帅，统领着六根，他叫眼睛乱看、耳朵乱听、鼻子乱嗅、舌头乱尝、手脚乱做。所以讲到六根的修行，所谓"擒贼先擒王"，心的修行最为重要！有四点意见：

第一，要会思维

思想是促进人类文明的动力，人因为有思想，故能开发智慧，因而佛教讲"以闻思修而入三摩地"，儒家也主张"学而时习之""学而不思则罔"。思想到了极致，就是开悟。当初佛陀的悟道，也是经过苦思冥想，才能悟出宇宙人生的道理，而能了然于心。所以，我们的心平时要常思维真理，要多想好事。

第二，要具灵巧

人有好多种，有的人很笨拙，有的人很灵巧。笨拙的人不容易受人欣赏，灵巧的人到处受人喜爱。灵巧有时候是与生俱来的，有时候靠后天用心学习，也能转笨拙为灵巧。学佛修行，首先要有一颗灵巧的心，要会变化，不要太刻板，不能太执着，才能对真理心领神会。

第三，要肯接受

人在学习的过程中，最重要的就是学习接受。不能接受，父母、师长传授给你再好的道理、再好的方法、再好的东西，都不能成为你的；唯有接受，才能成为自己的资粮与养料，所以佛经里譬喻闻法要"如器受于水"。乃至世间举凡正当的、清净的、善良的、真实的知识、道理、技术，都应该好好接受，自己才会不断进步、成长。

第四，要能包容

世间是一半一半的世界，白天一半、夜晚一半；男人一半、女人一半；好的一半、坏的一半……我们对于好的固然要接受，对于不好的也要能包容；唯有好坏都能接受、包容，才能成就全面的人生。所以，学习包容，就是扩大自己、升华自己、圆满自己。

俗语说："浇花要浇根，修行要修心。"心修得正、修得好，自然一切皆正、一切都好，所以佛教有谓："佛说一切法，为治一切心；若无一切心，何用一切法。"

居家的修行

人都要修行,修行不是出家人的专利,在家也能修行。修行也不一定要到寺庙里去,家庭就是道场,就是修行的好地方。

关于居家修行,有四点看法:

第一,恭敬父母,尽心孝养

敬事长上,孝养父母,这是居家的第一修行。所谓"堂前双亲你不孝,远庙拜佛有何功?"父母是我们现世的福田,父母就如佛菩萨一样,是我们应该恭敬的对象。一个人如果连父母都不懂得要孝顺,说他能为天下众生服务,说他能对佛菩萨恭敬,实在不免让人质疑。

第二,恒以善法,教育眷属

家庭里,父母子女,兄弟姊妹,伯叔妯娌,我和这许多眷属相处,应该要施以道德、慈悲、仁爱、因果等善法,要用这许多好的道理来教育眷属,影响眷属,让大家每天都活在善法里面,不要走岔了路,否则一失足成千恨,将来难以回头,实在很可惜。这是居家的第二修行。

第三,悯念童仆,知其有无

有的人家里雇有童仆,或者公司聘用职员,要懂得爱护他、照顾他,尤其要知道他的需要。有时候属下缺少资用,生活有了困难,你能适时帮助他解决,他就能一心一意地为你服务;如果你不能善体他的需要,不能解决他的问题,虽然他的人在你身边服务,心没有跟随你,这就是失败的领导人。所以,悯念童仆,知其有无,这也是修行。

第四,近善知识,远离恶人

我们在日常生活里,要亲近善知识,善知识就是我们的良师益友。所谓"近朱者赤,近墨者黑"。在我们的人生旅途里,有了善知识的扶持,才能免于走上歧途。甚至我们不仅要亲近善知识,远离恶友;进而能成为别人的善知识,劝善规过,这是居家的第四修行。

"佛法在世间,不离世间解"。真正的修行,要从生活中去体证、落实。

修行在人间

一般人谈到修行,总有一个错误的观念,认为修行若不是在佛堂里诵经拜佛,就是到深山里遗世独立,不食人间烟火,这就叫作修行。其实六祖大师说:"佛法在世间,不离世间觉;离世求菩提,犹如觅兔角。"真正的修行,要从生活的做人处事做起,你能待人慈悲,就是修行;你能负起应负的责任,就是修行;你的言行举止安详从容,与人和乐相处,也是修行。修行不是口号,不是仪式,而是从身心行仪里流露出来的道德、涵养,这才是真修行,所以离开生活,离开人间,别无修行可言。

至于如何在人间修行?有以下四点意见:

第一,学习爱语

俗语说:"好话不怕千回说。"一个人要做人成功,爱语要说得多;工作要做得成,爱语也不能少;凡是所行所做,对待朋友,都要有爱语。世间上没有人不喜欢听好话,一个人常常说好话,你就会变成好人,你的事就会变成好事,当然,别人也欢喜你这个好人好事。所以平时要多说爱语,多说赞美的话、尊重的话、成就别人的话,这些都是多多益善。甚至有时说一些不切实的赞美来替他人戴高帽子,也未尝不是一种美德。

第二,学习关怀

对人有了爱语,还要有切实的行动,用真心去关怀别人。比方说,力量不足的人,给他一些助力;财力贫乏的人,给他一些布施;学问不够的人,传授他一点知识;技艺不精的人,教导他一些技能。懂得关怀别人,这就是慈悲,就是修行。

第三,学习应对

一个人即使学富五车,不懂得应对,总是愚人。平时待人处事,举止进退,都要懂得分寸。当人家待我一分好,我要加倍对他;别人跟我说一句话,我要回应他两句;别人给我一个微笑,我要报以二次、三次的微笑。一个懂得应对的人,人际关系必然和谐。

第四,学习忍耐

在生活、工作里,最大的力量就是忍耐。忍耐可以激发心中的力量,有力量自然就不会烦恼、不会动心、不会起嗔,且能愈挫愈勇,忍到最后就有智慧看世间万象,这就是最大的修行。

共修共学

修行和学习,是每个人一生的功课。有的时候我们需要自修、自学,有的时候也需要共修、共学。自修、自学就是我有自己的课程安排,我有自己的学习方式,这是属于我自己个人的密行,我可以自由调配时间,自己安排内容。共修、共学就是跟大家一起学习,配合大众的时间一起切磋勉励。关于共修共学,有四点意见:

第一,有个人,更要有大众

人,不能离群独居,不能孤芳自赏,虽然每个人每一天都应该有自己独处的时间,但更多的时间要和群众在一起。尤其在学习修行上,不能闭门造车,不要自修自了,而要走入群众,与人互动,所以佛门有所谓的共修、参访等活动,也就是要去和合群众,要与大众融和在一起。

第二,有分工,更要有团结

所谓分工,就是分层负责,各自承担自己应负的责任。但是个人承担,有时候还需要大众的帮助,所以,分工之余,还要懂得合作。能够分工而又团结合作;有分有合,能合能分,才能发挥群策群力,达到集体创作的效果,完成更大的任务。就如寺院道场,平时也要和其他的友寺往来、联谊,彼此互相观摩、学习;个人的修行学习,也要有很多的道友、同参一起切磋琢磨,所以,有分工也要有团结。

第三,有人情,更要有公德

人生处事,离不开情、理、法,有时候在不影响大众权益的情况下,固然可以有自己的思想、自己的性格、自己的需要,甚至有时候不能不做个顺水人情。但是所谓"宁教老僧堕地狱,不拿佛法做人情"。在佛法真理之前,甚至在公理正义之前,也要有道德勇气,要顾及大众的需要,要有公共的道德,要有公共的服务,要有公共的来往,如此在修学的路上才能更有成就。

第四,有内修,更要有外缘

有的人光是自己修行,平时不肯跟人结缘,如此即使自己修得再好,果真能够放下万缘,真能修得与世无争,甚至无欲无求;但是,因为缺乏外缘,到处不受人欢迎,不受人欢喜,也不名为修行。所谓"未成佛道,先结人缘"。做人不是光靠一个人就能存在,所以修行和做人都要培养很多的因缘,有了因缘,个人才能存在。

人难免有惰性,透过共修、共学,可以借助于大众的力量,督促自己用功,借助于外缘的砥砺而不致懈怠。共修、共学的好处,就像一根木材烧出来的火,火光很有限;结合很多的木材,就能烧出熊熊的火焰,热力就大了。又如一个手指头打人,没有力量,五个手指头合起来成为一个拳头就有力量,所以共修共学在我们学道的过程中,有时也是很重要的。

六种修行

修行的方法很多,但不外要在举心动念和言语行为之中去做功夫。以下六种方法,提供参考。

第一,面孔要有表情,要有微笑

微笑,是最美的色彩;有了表情,人间就会变得多姿多彩,生命也会变得朝气蓬勃。无论男女老少,一个微笑的表情,就像盛开的花朵,它能使颓唐的人得到鼓励,使烦恼的人得到解脱,使疲劳的人得到安适,使悲伤的人得到安慰。

第二,眼睛要有慈悲,要有关怀

善目可以鼓励别人,你看,讲演者需要聆听者专注的眼神,表演者需要观赏者肯定的眼神。观世音菩萨因为"慈眼视众生",给人护念,给人救苦,所以能为众生作慈航。

第三,口中要有好话,要有赞美

口,是修行最好的方便,但也是最难修行的关口。不懂得说话的艺术,容易祸从口出,招怨惹嫌;会说爱语的人,能以好话给人赞叹、给人信心、给人欢喜,所以到处广结善缘。

第四,耳朵要有善听,要有分辨

有的人会听话,善解人意;有的人不会听话,误解人意。所以佛教里有谓"善听""谛听""兼听""全听"。听话,要能听得出人家的话中之意,要懂得思考分辨,尤其要不听是非而听实话。

第五,手脚要有服务,要有助人

我们的手脚,要用来为人服务。例如,人不识路,你为他指一下方向;走路不方便的人,你能搀扶他一下。能用手脚为人服务,才能发挥手脚的功用。

第六,心里要有祝福,要有尊重

我们有时发心布施,或捐助金钱,或赠以物资,其实都还是有限的,心香一瓣,才更可贵。世间上,有形有相的东西总会无常;无形的祝福,才是无限无量。

修行离不开行住坐卧,生活中掌握这六种原则,面带微笑,慈眼视人,口说好话,善听分辨,为人服务,心常祝福,不仅为世间留下善用,也是最简便、最具体的修行道场。

"无"的修行

世间上的人总是在"有"上求,有车、有子、有钱、有名等,其实"有"还是有限、有量、有穷、有尽。佛法教我们从另外一个"无"上去思考,你无欲则能刚强,你"心无挂碍,无挂碍故,无有恐怖",就能"远离颠倒梦想,究竟涅槃"。"无"不是没有,"无"是无限量、无穷尽。那么,我们怎样有一个"无"的生活呢?有四个修行方法:

第一,诸恶无染

"染"有渐进的力量,不容易使人察觉,因此,对于一切的恶习、恶念、恶事、恶友,我们不要去沾染,一旦沾染,就不容易舍离。所谓"祸福无门,唯人自招",只要为人正派,不该做的事情,不要去做,自然不会招惹无谓的麻烦。

第二,诸行无私

孔子说:"天无私覆,地无私载,日月无私照"。天地无私,所以成其大;日月无私,所以能遍照。人生假如想要有一番作为,你凡事只想到自己,只有招致自私的结果,没有人缘、没人帮忙,势单力薄,难以成事。反之,若是心念作为皆能为大众设想,自然会有大众的因缘共同来成就,结果必定会更好。

第三，诸心无住

倘若我们平常的举心动念都住在五欲六尘里，念念在金钱上，念念在爱情上，念念在名位上，必然患得患失，不得安宁。《金刚经》说："应无所住，而生其心。"心无所住，就能无所不住，"犹如木人看花鸟，何妨万物假围绕"，如虚空一般，生命必然扩大无比。

第四，诸情无执

一般人与人互动付出时，总希望能获得对方同等分量的回报，用情愈深，期待愈大，如果没有符合自己所预期，烦恼也就越多。佛教则主张用理智净化感情，用慈悲升华感情。你的感情升华了，你不执着，就不会有情执。古人有谓"情到浓时反为薄，情到深处无怨尤"；佛门也说"莫嫌佛门茶饭淡，僧情不比俗情浓"；你没有执着，看起来好像无情，其实平平淡淡最是真，平平常常最永恒，其中蕴含无限慈悲，无限智慧。

"无"是佛教修行的最高境界，我们薄地凡夫虽尚未能体证，至少在日常生活中，应该努力做到以上的四种"无"。

真修行

有的人把佛法研究得很透彻,有的人讲经讲得很精湛,有的人禅坐的功夫非常深,有的人念佛念得很迫切。什么是真修行?修行不一定意指出家人或宗教家的行持,其实任何一个人都应该要有修养,有修养就是有修行。现在有四点修行的意义,提供大家参考:

第一,在受苦时处之泰然

世间什么最苦?生不得志,攻苦食淡;贫贱患难,人情最假。不管什么苦,都不如佛教的"八万四千苦",一语道尽"苦"为世间之实相。古人说"道在苦中磨""知苦方有道",在在说明真修行在受苦受难的时候,仍然感到泰然,仍然感到自在。佛弟子头陀第一的大迦叶尊者,着粪扫衣,宿居冢间,食腐败汁,遭受外道陷害,身处危难,但是他的内心安然,不以为苦,甘之如饴,所以这是真修行。

第二,在委屈时忍耐放下

一个人最难忍耐的就是自己受到委屈,觉得不公平,不合理。假如在这个时候,不计较、不比较,就是一个有修养的人。比方被人误解时,能不急于为自己解释辩驳;或者当别人出语不逊时,心里能够忍耐承受,以平等、放下的心来处事,修行就能见真章。

第三,在忙碌时气定神闲

有些人觉得要到深山里去苦思冥想,或是眼观鼻、鼻观心地自我独居才是修行。其实,真正考验一个人的修养,是在忙碌时。假如你平时修养很好,在忙碌时就不会心烦意乱、手足无措。如果生气发怒,那就表示功力还不到家。一个人在忙碌时,仍然能够气定神闲、井然有序,才是真修行。

第四,在受辱时心怀慈悲

我们在受到利益、顺境、好处时,心里感到很安乐,就能以慈悲心待人;反之,在受到他人侮辱时,还能不计较,可怜对方的无知,以慈悲的心量来原谅他,这个就是真修行。佛弟子舍利弗遭人毁谤污辱,但是他的心中毫无一丝怨恨,反而躬身反省,把吃的东西吐出来,以表示清白,他的心犹如大地,能容纳清净之物,亦可堪载污秽屎尿,同时以慈悲心对待毁谤的人。舍利弗是真修行的榜样。

所以,什么是真修行?主要是对你的身心有所帮助,能在你的心理上,改变一些观念,那就是修行。

修行战略

世间最困难的战争,不是百万雄兵对峙,也不在于敌我阵势相当,而在于内心的佛魔之战。《四十二章经》形容,修行者好比披甲上阵与百万烦恼魔军作战的勇士,心性怯弱的人,大多半途而废,只有坚持愿力者,能够达到最后的胜利。那么修行要有几种战略呢?

第一,以正见持戒为盔甲

有形的盔甲可以抵御强敌,保卫自身,而正见的盔甲可以抵挡诱惑,远离贪嗔痴三毒。因此,首先要建立正见,才能走上正道;有了正确的人生观,还要持戒力行,才能圆满生命。

第二,以智慧方便为刀剑

经典说:"以智慧剑,斩烦恼贼,破生死军,摧伏魔怨,荷负一切,令诸众生皆得解脱。"智慧第一的文殊菩萨,手持宝剑,就是象征以智慧剑,斩断烦恼魔军。有了智慧,加上自利利他的方便法,可以舍弃自私小我,进而成就无私大我的生命。

第三,以精进勇猛为力量

世间举凡艰巨的工作,都由勇猛坚持而完成,光明灿烂的前途,也无不由精进不懈而圆满。因为精进的力量,可以解开心中的缠结,勇猛的力量,能够驱策前进,不生畏退。如此必能克服困难,成就功业。

第四,以慈忍大愿为战术

慈,可以对治嗔恚,能化解内心无明怨怼;忍,具足大勇大力,能成就世间一切功德。如《忍辱经》所说:"怀忍行慈,世世无怨,中心恬然,终无毒害。"再以愿心做目标,如此可以增加内心的力量,降伏烦恼。

第五,以戒定慧学为统帅

戒如清水,能洗涤我们心地的污垢;定如璎珞,能庄严我们的身心;慧如明灯,能照亮我们的前程。以戒定慧三学作为我们与烦恼战斗的统帅,可以降魔,可以获得无量的法财。

第六,以八种正道为大军

八正道是离苦得乐之道,也是转凡成圣的途径。正见因缘果报、善恶业力、无常苦空;正思喜舍、慈爱、巧慧、结缘,正语诚实、柔软、爱语、善言,正业是护生不杀生、布施不贪取、持戒不邪淫,正命是从事合理的经济生活,正精进增长悲智,断除贪嗔,以正念作为安住身心之处,以正定开启般若智慧。这些都是我们防守六贼的坚固城墙,也是战胜烦恼魔军的勇猛大军。

人生存在世间,就必须要有强盛的斗志,勇于向自心的无明、懈怠、执着挑战,来提升心灵的境界,让每一天的生命都有新的进步成长,这才是人生的最高价值。以上这六点,是重要的修行战略。

处世哲学

人在世间上生活,总要与人相处,都要和人共事。如何相处共事,每个人都有各自的一套方法应付,这就是处世的哲学。关于处世哲学,有四点意见提供:

第一,不说人非,是厚道

世间上最可怕的就是"是非",是非无有定论,但杀伤力却强大无比。有的人被是非所困,终日扰攘不得安宁;有的人被是非陷害,丧失了本有的成就。所以,我们不说别人的是非,就是厚道。而当自己面对是非时,要紧的是不听是非、不传是非、不怕是非。当一个人参不透人情、辨不清是非时,就会起无明,所以,批评别人的话当于人前说,自然可免是非。

第二,不辩己是,是高见

人际相处,有时候难免会被别人错怪、误会,有的人急于保护自己,就百般辩白。其实真正高明的人,不必为自己辩解,哪怕是自己没有错,不过你能自我反省,自我认错,并不会蚀本,反而增长阴德。所以有时候不要太计较自己的得失,人家的一言一语不要太在意,因为毁谤打倒不了一个有志气的人,除非自己本身不健全、没有实力,因此,面对毁谤最好的方法就是不去辩白,不辩己是才是高见。

第三,扬人善事,是结缘

佛教讲"未成佛道,先结人缘",心存欢喜、恭敬、祝福的心,就是一种结缘的心,尤其给人好因好缘,就是最好的供养。有时候背后说人家的一句好话,称扬别人的一件善行,就是帮他铺路,给他一些方便,这就是最好的结缘。能够常常不吝扬人善事、称人美德,结缘多了,自己也会得到很多的方便。

第四,隐人往恶,是修德

古德云:"休将自己心田昧,莫把他人过失扬;谨慎应酬无懊恼,耐烦做事好商量。"中国人过去总把隐恶扬善视为做人应有的美德,但今人往往隐善扬恶,并且尽可能地以揭发别人的隐私为能事。其实做人要将心比心,自己的过往又何尝愿意让别人当成话题谈论,既然己所不欲,岂可加诸他人?因此,懂得隐人往恶,必是有德之人。

处世的哲学当然很多,只是一个人只要能够做到"不说人非、不辩己是",进而"扬人善事、隐人往恶",必能广结善缘,积聚功德,如此人生的旅途必然走得更平顺,而不至于感叹世道坎坷,人间路难行。

如何修行正法

什么是正法？我们要如何修持正法？人与人之间有人道，人道就是正法。世上的忠孝、慈悲、信义，这些伦理道德都是正法。我们想在社会上求财，不能用邪法、外道，要用求财正法。此外，在感情上、人情上，不论什么道，也都有其正法。应如何求得正法呢？在《正行经》里提到四点：

第一，精进听闻正法

修持正法的首要态度，就是以一颗精进的心，多闻熏习，如此才会对正知、正见有所了解。听闻能知道理，听闻能知意义，最重要的是，听闻会增加自己的信念。所以许多人在听闻正法，追求正当的宗教信仰时，会感到正法之味，如饮甘露，会勤求正法而不觉得疲厌，因为在乐法里，会获得更多的法喜。

第二，精进护持正法

《梵网经》说："闻一言谤佛音声，如三百矛刺心。"正法就是世间上的正义、世间上的公理。对于正法，我们必须努力不懈地护持。在佛教里，我们常用"护法"来称赞正信的佛弟子；一位充满热忱的护法者，还会为信仰、真理而牺牲奉献呢。

第三,精进演说正法

为使正法利益众生,我们必须时时宣扬和解说正法。《金刚经》说:"若有人讲说四句偈,胜过三千大千世界七宝的布施。"意思是广为众生演说正法,令人深信因果,止恶向善,散播菩提种子,社会必定美好,这种功德是胜过布施物质的功德。

第四,精进修行正法

任何艰巨的工作,无不是勇猛坚持才能完成;光明灿烂的前途,无不由精进不懈而得圆满。精进的力量,能使人驱策前进,不生畏怯,自然能克服困难,道业增长。修行人要透过实修,方能体证、觉悟,圆满自己。若不精进修行,则如金矿未经开采,终不能得。

诸佛皆是修行在人间,成佛在人间,唯有听闻正法,护持正法,并且演说正法,修行正法,在浩瀚的宇宙中,发挥正知正觉的力量,才能成就佛道,为个人及大众留下善美深远的影响。

如何修身

一个人，之所以要修身，是为了要健全自己；自己健全了，对于家庭、社会、朋友、事业，都有帮助。修身，才能知道如何与人往来。我们要如何修身呢？有四点意见：

第一，居家要俭

一个人如果贪慕荣华，只图享乐，必然助长恶行，有时更因此而招致家败身丧。如李商隐说："历览前贤国与家，成由勤俭败由奢。"节俭并不是悭吝、一毛不拔，而是实不虚华，食不求精，衣不求美，饱暖则足。司马光说："由俭入奢易，由奢入俭难"，养成了奢华无度的习惯，再富有的家庭终必沦为贫乏；反之，如果能谨身节用，一粥一饭不奢靡浪费，自必因此而有所积蓄，甚至转贫为富，所以，居家要俭。

第二，创业要勤

这是一个物竞天择的社会，适者生存是必然的定律。一个人要想成功立业，不是靠家人的声望，也不是取决于出身的高低，而是端看自己的勤劳与努力。语云，"勤有功，戏无益"，勤才能改变你的人生，即所谓"勤能补拙"。一个出身贫穷的人，只要能勤劳，必能转穷为富。勤劳是创业之道。

第三,待人要谦

人际间的相处,有一个重要的秘诀,那就是谦虚。一个人的学识再好,如果高傲而不知谦虚,难受主管的青睐;一个人的容貌再美,如果自负而不知含蓄,难受他人的赞美;一个人的能力再强,如果不懂得忍让,难得他人的友谊。曾国藩说:"谦,则不招人忌;恭,则不招人侮。"所以,谦虚和睦,才能获得人缘;谦恭有礼,才能受人尊敬,所以,"谦"是待人之道。

第四,处事要和

"和气迎人,则乖灭"。嗔怒,不但有害人体的健康,还常使小过变成大过、有理变成无理,甚至作出不当的抉择,因此在待人处事上,要能心平气和。心平气和能让头脑冷静,心平气和才不失方寸,心平气和才能克制刚躁之气。古人云:"心平气和,而后足以平不平以致乎平,大事化为小事,小事化为无事。"所以,"和"是处事之道。

人与人相处,不知道自己的缺失是一件很危险的事,故凡事不要总是指责别人的不对、不是、不好或不应该。须知在世间法上,往往是对外容易对内难、修身容易修心难、做事容易做人难、读书容易明理难。

修身的准则

儒家说:"修身、齐家、治国、平天下"。家的根本在个人,个人修身后,有了高尚的修养,才能齐家,家齐后才能治国、平天下。佛教亦云:"仰止唯佛陀,完成在人格。"学习佛陀的精神,要能克己复礼,道德自律,才能开发光明的智慧。由此可知,世间上不管哪一种宗教,都非常重视修身之道,因为修身才能去芜存菁,修身才有光明磊落的胸怀,以及择善而行的节操。历代贤者,能为众人表率,皆从自我修身做起。

以下有四点修身应有的准则,提供参考:

第一,修身要能有高雅的气质

金钱可以买到华丽的衣服、可以买高级的化妆品,但是买不到气质,人的气质是由修身而得。《大学》云:"欲修其身,必先正其心。"正心,则能克制自己的妄心、约束自己的行为,并且以礼来涵养性情,就如孔子所说,凡是不合礼者,不看、不听、不说、不做,如此必能仪容端庄,风度良好,且能具有高雅的气质。

第二,修身要能有庄重的风度

一个人,日常的言行举止是否笃敬谨慎,为人处事是否圆满无憾,就在他平日对自我修身的要求。孔子曰:"诚于中,形于外",一个有涵养、有风度的人,其所显现出来的气质,必然具有雍容庄重的风度,如三国时诸葛亮的"喜不大笑,怒不暴跳,哀不嚎哭,乐不轻佻",这就是贤能之人的庄重气度。

第三,修身要能有亲和的举止

现今的社会,无论是学者、商贾或是政治人物,如果要能受到别人的爱戴,一定要具有"居上不骄,居下不卑"的亲和举止,因为不骄不媚的亲和行为,才能拉近人我的距离,更是获得人缘、建立良好人际关系的方法。亲和的行为不但是修身的方法,也是待人处世的原则。

第四,修身要能有中道的观念

人们在立身处事时,要能有不偏不执、不卑不亢的态度,要能有清净淡泊、乐观积极的心态,不受人我是非所扰、不受世间利诱所迷。如《论语》所说"君子惠而不费,劳而不怨,欲而不贪,泰而不骄,威而不猛"。如此则能从容处事,态度才能安详。

语云:"求助不如结缘,求福不如修身。"

行事的要领

人,要在世间上生存,一定要做事,做事要懂得掌握做事的要领,才能事半功倍。朱浮言:"智者顺时而谋,愚者逆理而动。"做一件事如果不懂得要领与步骤、没有与时俱进的眼光与智慧,不但花费时间、金钱,更达不到预期的效果,所以现代的企业非常讲究管理学,以及行事的要领。

什么是行事的要领呢?有四点:

第一,有智更要有慈

古德云:"人用刚,吾以柔胜之;人用术,吾以诚感之;人使气,吾以理屈之;天下无难之事矣!"行事要有跳探戈的智慧,才能达到目的又不会伤人。除此之外,还要有慈悲心,有慈悲的人,才能为别人着想,才能体谅别人,才能爱护他人。歌德说:"仁慈是一条将社会连贯起来的金链"。所以,行事要有智更要有慈。

第二,有勇更要有巧

处事要有勇敢进取的心,才不会因循守旧、踌躇不前。拿破仑说:"绝对没有不因勇敢的希求成功,而能取得成功者。"所以,行事要先有必胜的决心,然后才有成功的希望。此外,还要有巧慧,如果光有勇,而没有巧,只能称之为莽。如三国时代的张飞,虽然很勇敢、很有胆识,终因没有巧智而失败。所以,行事要有勇更要有巧。

第三,有钱更要有德

有的人以为做人、做事只要有钱,就能万事亨通。所谓"有钱能通神""有钱能使鬼推磨";但是,有钱不一定买得到健康,有钱也买不到寿命,更买不到别人对你的尊敬,所以,金钱不是万能的。我要如何让别人心悦诚服地与我来往?培根说:"没有比良好的品德与态度更受人欢迎。"由此可知,一个人要有高尚的品德,才能获得人心。所以,行事要有钱更要有德。

第四,有口更要有心

行事不可以光是嘴巴说说,而不兑现。孟子说:"人之易其言也,无责耳矣!"随意开空头支票的人,是没有责任心、没有信用的人,这样的人会让人不敢与他深交,更不敢与他有生意上的往来。因此《论语》说:"言必信""言忠信",都是说明做人要言出必行,才能让人信任。所以,行事要有口更要有心。

做事要有要领,懂得行事要领的人,必然也是个懂得做人的人。

生活修行四句偈

无论哪一种宗教,都是讲究自我的修行。好比衣服破了要补一补,东西坏了要修一修,人也会有行为不正、说话不正,乃至念头不正的时候,这时也要修正,这就是修行。人的起心动念、言行举止离不开生活,因此,修行也是不离生活,以下举出四点,可以作为生活修行依循的方向:

第一,涵养怒中气

对一般人来说,对于忍苦、忍穷、忍饥、忍饿、忍冷、忍热,大都还能忍耐,但在做人处世上的委屈、不平、恼怒要去忍恨、忍怒、忍气,就不容易了。尤其一口气你忍得下去,这是很大的修行,也需要很大的力量。能以"养气"代替"怨气","和气"代替"意气",这就是"涵养怒中气"的功夫了。

第二,谨防顺口言

想要修行,修口是一大法门。话,不能随便出口,尤其是顺口语,无论是愤怒的时候,或是高兴的时候,都要克制自己。生气愤怒时,容易口出恶言,一句话伤害到人,再也收不回来;过度高兴时,容易忘形,随意地就许下承诺,泄露秘密,甚至说出不该说的话。因此,说话要三思,不可随意顺口而说。

第三,当心忙里错

有时候太匆忙,容易忙里有错。有一位媳妇,半夜接到母亲病危的消息,连忙抱起床上的孩子就往娘家跑。走过田埂,慌乱的脚步让她跌了一跤,幸好孩子没有哭泣,抱起来又忙赶路。到了娘家一看,手中竟然抱着一颗冬瓜。她急着返回田里,没有看到孩子,只有一只枕头。当她哭哭啼啼回到家里时,原来孩子还在家里睡觉呢。越是忙的时候,越是要仔细用心;越是忙的时候,越是要谨慎小心。

第四,爱惜有时钱

台湾企业家张姚宏影女士发心建寺办学,利益众生。问她为什么?她说:"现在不做,等到将来我没有钱的时候,会懊悔的啊!"是的,正当有钱的时候不做,等到钱去了再想做时,也没有机会了,所以有一句话说:"常将有日思无日,莫待无时思有时。"推而广之,凡事都应及时,当年轻力壮时,应以体力报答人间;当脑力尚佳时,应以智慧贡献人类;当有一片诚心因缘时,以心香一瓣,将好因好缘的生命,回馈社会十方。如何修行?"生活修行四句偈",是很好的方法。

开始

人的一切行为造作之始,都是来自心中的想法,因此,心中的每个念头,是决定你上天堂或下地狱的开始;心中的每个念头,就是造成佛境与魔界的结果。魏征在《谏太宗十思疏》中提到:"恐懈怠则思慎始而敬终,虑壅蔽则思虚心以纳下,想谗邪则思正身以黜恶。"所以,每个人都应该要慎始;开始的好坏、正邪,就是决定未来失败、成功的转轴。以下以四个"开始"来说明其重要性:

第一,崇山峻岭始于土丘

重重叠叠的山峦,并非本来就是崇山峻岭,它可能是由沧海变为桑田,再变化成土丘,慢慢又演变而为层峦叠嶂的峻岭。人的恶行往往也是由小而大,一个恶贯满盈的人,常常是起自最初的歹念,所以人应该慎防开始的一念。刘备说:"勿以善小而不为,勿以恶小而为之。"经常自省,自能让恶念不积,如此才不会自我毁灭。

第二,汪洋大海始于细流

《法句经》说:"水滴虽微,渐盈大器。"小小的细流,日积月累,可能汇聚成长江黄河,成为汪洋大海,所以细流不容藐视。西晋文学家陆机说:"远绩不辞小,立德不在大。"小小的善行,可以救人一命;小小的结缘,可能改变人的一生,所以,一点一滴的小善行,就是积聚巨万的善功德。

第三,千年万劫始于弹指

一千年、一万劫,看似好长好长的时间,但是,这么长的时间,也是从一刹那、一弹指,慢慢聚集而成;同样的,成功的企业家、创意的设计师、笔补造化的作家,乃至于社会上有名气、有地位的人,其智慧、创意、技巧、经验,都是经过岁月的积累、时间的酝酿、生活的体验而来的,世间万物不能无中生有,所以,成功是经过学习的过程与时间的磨炼。

第四,永恒成道始于信念

所有证悟者,或是社会上的成功者,都是来自对真理的内涵不起疑虑,对于所学的技能不怯退,对于自己所建立的目标有正确的信念,如此才能有所成就。《华严经》说:信念与信心可以增长智慧,有了信就可以到达如来的境地;《大智度论》也说:信,就像人的手一样,一个人到了宝山,有手就可以自由地取宝,如果没有手就不能获取。所以,"信"是学习上、修道上的根本。

俗语说:"好的开始,是成功的一半",开始的方向正确了,才能到达目的地;开始的心念正确了,行为才能无误。所以凡事的起始是很重要的,我们不得不注意。

卷二 | 修行之道

修行并不是表相上的苦乐荣衰,
而是在真参实学中,显发自性的光芒;
在志行坚固中,流露悲愿的力量。

处人之道

处人是一门很大的学问,处人不可太任己意,应洞悉人之常情。人都有希望被尊重、被了解、被赞美、被接受的天性,所以《佛光菜根谭》说:能以和蔼之容见人者,必得人和;能以谦逊之气处人者,必得人尊;能以恭敬之心待人者,必得人敬;能以赞美之言和人者,必得人缘。此外,关于处人之道,有四点意见:

第一,以温柔对待倔强

人有多种性格,有的人谦卑柔和,有的人狂妄刚强。宋朝克勤禅师说:"人大凡为善知识,应当慈悲柔和,善顺接物,以平等无争自处。"柔和是处事的良方,柔和能消灭嗔怒的烈火,当与人相处,有时对方很刚强,如果我也跟他强硬,就等于半斤八两;最好能以柔克刚,也就是:你对我无礼,我对你恭敬;你对我骄傲,我对你谦虚,此所谓柔能克刚也。"牙齿以坚硬易毁,故至人贵柔。"常以柔软沟通彼此,必能相融无碍。

第二,以宽容对待苛刻

《佛光菜根谭》说:"居心宽大,条条大道;待人刻薄,处处荆棘。"有的人生性尖锐,待人苛刻,凡事计较,丝毫不肯吃亏。面对这样的家人、朋友、同事,最好的办法就是以宽厚的心体谅他、包容他,因为宽容别人是和睦之道,宽容可以绝恩怨。所谓"做事要专,做人要宽"。能够用宽容的钥匙,打开褊狭的心扉,把身心安住在体谅上,世界会更宽广。

第三,以热情对待冷酷

现在是个重视色彩、声音的时代,人也要有表情、有声音、有动作,要像太阳一样散发光和热,带给人温暖。所以,平时对人要面带微笑,口中要常说爱语,尤其面对一些冷漠无情的人,更要展现阳光般的热情,去融化那冰雪般的冷酷。所谓"一心的专注可以开发潜能,一腔的热情可以化解冷漠"。一个能在大众中发挥热力的人,是最有智慧的人。

第四,以慈悲对待嗔厌

佛经云:"嗔是心中火,能烧功德林。"嗔心一起,可以障蔽一个人的理智,如同乌云掩盖明月,又像野火,可以烧尽林木。嗔恚能坏人善事,能破坏感情,能引发祸患,能尽焚功德,因此,学道之人先须戒嗔,嗔心未断道休论。一个人嗔心太大,动不动就生气,动不动就讨厌这个、讨厌那个,自然容易树敌。

对于嗔心重的人,唯有用慈悲、忍耐来摄受他,慈悲大爱是永不战败的盾牌,做人应该以道理说服他人,更应该以慈悲折服敌对。

总之,处人要有和气,要有宽容,要有热情,要有慈悲。

"安居"之道

一个修行人,能够"身安"则自然"道隆";社会上的士农工商,也要"安居"才能"乐业"。安居之道,就是一个人的身心能够安然自在地生活。如何才能"安居"呢,有四点意见:

第一,居安宁时能思危机

俗语说:"人无远虑,必有近忧。"一个人身处安乐之时,要想到如果临时发生意外,应如何应变;处于富贵之际,要防范万一陷入窘境时,该怎么办;处于得意的地位时,要做好一旦无常来时,失去地位了又该如何下台。《诗经·豳风》说:"迨天之未阴雨,彻彼桑土,绸缪牖户。"就是说明人要居安思危,则能有备无患。

第二,居福德时能虑远祸

人在顺境之中,不可仗恃福德深厚,而一味地安逸享乐,但看历史上的亡国之君,不都是在富贵荣华之中,因为不知"善始克终"而国破家亡的吗?贞观年间是唐朝极盛之期,当时魏征劝谏唐太宗说:"处高危则思谦降,临满盈则思挹损,遇逸乐则思撙节。"这都是说明,虽处于福德之中,但要常常提醒自己"生于忧患,死于安乐"!

第三，居丰饶时能济贫困

生活过得富裕丰饶，应该要懂得济急救贫。有的人对于行善助人，总是说："等我再多存一点钱，再来布施。"这种人悭吝不舍，一辈子也不可能有钱布施，因为"待有余而后济人，必无济人之日"。所以，当我们现在有钱，生活犹有余裕，何不趁着行有余力去济贫救急呢？孟子说："人皆有不忍之心。"救济贫困，也是慈悲心的长养。

第四，居高位时能念谦卑

《左传》云："好在人上，莫能相下，虽其和也，犹相积恶，恶至无日矣！"一个居高位者，如果不能感念下属的辛劳，不能以谦让的态度与下属相处的话，其团体在表面上虽相安和睦，其实下属对上位者的怨怼已逐日积累，终有一天会遭人唾弃而众叛亲离。所以，居高位者，除了要以诚心善待下属外，还要做好无常一来，逊位之时的生活计划。

《孙子》说："智者之虑，必杂利害。"一个有智慧的人，他所顾虑的事，必定不是单方面的，而是有利有弊的整体考量。所以，在胜算之间，他已预备好如果不幸败北的解决方案，如此即使失败了，也能有退路可走，这就是智者的"安居"之道。所谓"凡事预则立，不预则废"。

忍耐之道

人要在社会上有所作为，必须具备许多的条件，例如高深的学问、恢弘的志气、宽阔的心胸、忍耐的修养等，这些都是艰难人生旅途中最大的助力。其中忍耐更是不可少的修养，忍耐并不是退缩，而是用平常心去对待人间一些不平的境界。忍耐之道有四点说明：

第一，忍一句，祸根从此无生处

谚云："天燥有雨，人燥有祸，"人在生气嗔怒的时候，往往容易失去理智而闯祸。如何不生气？除了懂得排解之外，要忍，先忍之于口，再忍之于面，进而忍之于心。忍耐可以激发心中的力量，有力量自然就不会烦恼、不会动心、不会起嗔。所谓"忍一口气，风平浪静"。反之，"小不忍，则乱大谋"。所以"能忍自安"，忍一句，自然祸根从此无生处。

第二，饶一句，切莫与人争强弱

做人"得理而能饶人，是谓厚道，厚道则路宽；无理而又损人，是谓霸道，霸道则路窄"。有的人好在言语上跟人争强斗胜，常常得理不饶人，一句话，非要把人打倒不可。其实"人情留一线，日后好相见",尽管别人有种种的对不起我,饶他一下,放他一马,或许日后你会有需要他帮忙的时候,所以,原谅别人,就是自留余地,切莫与人争强胜,强胜也不一定是在语言上分高下。

第三,耐一时,火坑变成白莲池

山有崎岖,海有浪涛,人间不如意事十常八九,要想成功立业,不能要求凡事顺遂。所谓"不经一番寒彻骨,焉得梅花扑鼻香;直饶热得人流汗,荷池莲蕊也芬芳"。能够经得起逆境挫折,坚持到底的人,才能成功,就如荷花在越是炎热的气候,开得越是清香。所以,做人要经得起寒天冰雪,酷暑炎热也要耐得住。

第四,退一步,便是人间修行路

农民插秧,一定要一步一步向后退,才能把一田的青秧插满。我们在人间修行、做事,也要懂得退一步的哲学,所谓"进步哪有退步高",有时候退一步想,海阔天空。能够退一步,回头是岸;能够退一步,懂得回头,不一定要等到碰壁,撞得鼻青脸肿了,才来后悔,那就是人间修行的道路。

人都有顺境与逆境,顺境时要淡,逆境时要忍,只要忍得过,再怎么不顺遂的事都会过去。所以,一个人如果怀抱理想,想要创造自己的前途,一定要学习忍耐,如此才能达到目标。

应世之道

有一则笑话是,猫捉老鼠,老鼠机警,躲进洞里迟迟不出来。猫于是学狗叫,老鼠一听,心想,猫铁定被狗吓跑了。于是从容地走出洞外,却被猫逮个正着。老鼠不服气,问:"我刚才明明听到狗叫,为什么你还在这里?"猫得意地说:"这年头想要混口饭吃,不学第二种语言行吗?"人要生存,就不能不具备一些生存的条件,也就是要有应世的方法。

关于应世之道,有四点意见:

第一,忍耐是修行的力量

世间最大的力量是忍耐,忍耐不是吃亏、不是无能,而是面对讥讽毁谤能用质直的心释怀。在忍耐的世界里,没有嗔恨,没有嫉妒,只有和平与包容。忍耐是做人处事的无上法宝,大地因为能忍受众人的践踏,所以能承载一切。忍耐的大地最为厚实,做人要如大地一般,能有忍耐承载的修养,才有力量应世。

第二,包容是做人的修养

虚空因为包容万有,所以才能成其大;做人要有包容别人的雅量,才会受人尊敬。包容是做人的修养,一个人如果对别人的过错斤斤计较,对别人的错失一点也不肯体谅、包容,甚至反过来需要别人包容你,就显示自己渺小。例如一个茶杯只能容纳500毫升的水,一个茶壶则能容纳2 000毫升的水;一间330平方米的房子只能容300人,1 650平方米的房子则能容2 000人。所以,一个人的心量有多大,能够包容多少,他的成就就有多大。

第三,柔和是处事的良方

处事之道,在于柔和,柔能克刚,至柔的水能够穿透至刚的岩石,所以做人能以柔和安忍来处事,再艰难的事都能迎刃而解。现在流行管理学,管理的妙诀,在于将自己的一颗心先管理好,能够将自己的心管理得慈悲柔和,将自己的心管理得人我一如,这就是最高的管理学。

第四,感恩是惜福的资粮

做人要有感恩的美德,懂得感恩的人,他会珍惜自己所拥有的一切,进而付出、回馈别人,所谓"滴水之恩,当涌泉相报",因此感恩是人生的财富,懂得感恩的人生最富有。一个人能将自己的身、口、意管理好,不起烦恼,不与人斗争,这是待人处事最好的妙方。所谓"常乐柔和忍辱法,安住慈悲喜舍中",这就是应世之道。

自立之道

做人"求人不如求己",所谓"念观音、求观音,不如自己做观音",所以做人要自力更生,能自立而后才能立人。自立之道,有四点:

第一,自省而后会自觉

苏格拉底说:"没有经过反省的生命,是不值得活下去的。"人要懂得自我反省,如曾子说,"每日三省吾身",经过自我反省、自我观照,才能看到自己的心,看到自己的行为,看到自己的个性,甚至看到自己脾气很大、贪欲心很多、嫉妒心很强等缺点。所以能自省才能发现良知,才能自我觉醒。

第二,自觉而后有自信

人有了自我觉悟以后,才能把不好的行为改正,例如把贪欲心改成喜舍心,把嗔恨心改成慈悲心,把懒惰懈怠改成精进努力,把愚痴邪见改成明理正见。一个人经过自我修正行为以后,过去没有人缘的,会越来越受人欢迎,过去没有承担力的,会愈来愈有责任感。有了责任感才能恪尽职责,才能有担当;一个勇于担当的人,自然会是一个有自信的人,所以自觉而后有自信。

第三，自信而后可自强

自信可以决定理想人生的目标，人有了自信心就有力量决定自己人生的方向，就能策划自己的前途，就能主宰自己的命运，就能做自己的主人。一个人能随时充实自己，自然拥有自信，有了自信，并且尽全力于工作上，这样的人十之八九会成功。反之，一个人缺乏自尊自信，人生就会瘫痪。

第四，自强而后能自立

为人当自强，所谓"天行健，君子以自强不息"，又说"将相本无种，男儿当自强"。懂得自己奋发图强、努力向上的人，才能自立。能够自立自强，那就是一个健全的人生。

人要在世间上保有生存的空间，不外自主、自立、自强，人唯有靠自己才是稳当之道。

根本之道

树有根,水有源。树木的根本厚实,树木才能长得高、长得大;流水有泉源,流水才能流得远、流得长。做人要注重根本之道,才能安身立命于天地之间。做人的根本之道有四点:

第一,知礼义是做人之本

做人要重礼节,讲义气,这是做人的根本,也是人跟猪马牛羊等畜生不一样的地方。猪马牛羊,三餐饱食之外,别无所求,可是人在衣食住行以外,所谓"万物之灵",人有性灵、精神层次的生活,懂得建构一个有秩序、有伦理、有良知、有道义的社会,所以一旦失去礼义,就不像一个人,就不成其为人类社会。

第二,识大体是处世之本

做人要识大体,所谓识大体,就是懂得顾念别人、顾念大众、顾念社会、顾念国家,因为国家、社会、大众就是我们的大体。一个人如果凡事只想到自己,只知照顾自己的利益,置国家社会的利害于不顾,就是不识大体;能够顾念到大众群体的需要,这才是识大体的人。识大体,才能在社会上立足,所以识大体是处世之本。

第三,守法度是自由之本

人和人之间,必须有一个共同遵守的规约,才不会互相侵犯。例如国家的法律,团体的公约,学校的校规等,都有制约的作用。有了法度的规范,彼此各安其分,社会才能井然运作,个人的自由才能受到保障。尤其佛教的五戒:不杀生、不偷盗、不邪淫、不妄语、不饮酒(不吸毒),就是不侵犯别人的生命、财产、名誉、信用、智慧,所以守五戒是做人的根本,不能持守五戒,即表示人道有亏。守戒就是守法,这是人我相处之本。

第四,辨是非是明心之本

世间的是非、好坏、善恶很多,也很难有一个确切的标准,所以我们不要用自己的认知来批判别人、要求别人。但是没有标准并非要我们不明是非,我们心中对是非善恶,还是要有一个自己的标准,要有所认知,要清楚明白,也就是要明理而不惑。明理可以判断是非,不惑可以分别善恶;能够辨别是非,才能明心不昧。

《大学》说:"物有本末,事有终始,知所先后,则近道矣!"做人要懂得根本之道,则庶几有道矣!

领众之道

在社会上工作，不是被人领导，就是领导别人。不管是领导人还是被人领导，都必须具备才华、能力。尤其，身为领导者，在思想、风格、处事、修行各方面都要有相当的能力，才有资格领导别人。领众是一门很大的学问，领众之道有四点：

第一，要知人才能善任

知人善任是领众的第一要诀，知人才能适才适用，知人才能人尽其才。例如主管要先了解下属的长处、缺点，知道下属的兴趣爱好，所安排给他的工作，要让他能发挥所长，让他做出趣味来，他必然全心投入。甚至知道下属的家庭背景，知道他的需要、苦处，适时给他协助、鼓励，他必然心存感恩，同时也才能心无旁骛地尽心工作。所以，用人第一要先知人，知人才能善任。

第二，要育人才会继承

一个团体要永续经营，培育人才是不可少的，因此现在很多公司团体，都有在职进修的办法，让员工短期出国参学、深造等。许多大企业家的董事长，甚至国家的领导人，平时也都积极培养接班人；懂得育人，事业才有人继承。

第三，要用人才得助缘

独木难成林，一个人的能力再大，终究有限，集合众人的力量，才能集思广益。所以一个有智慧的领导人，一定要授权，要给下属充分发挥的空间，而且要有"用人不疑，疑人不用"的智慧与心量。你能充分授权，让下属觉得被信任，被重视，他就会尽心尽力地奉献，所以要会用人，才能获得助缘。

第四，要留人才有余地

有时候属下有意求去，主管要去了解原因，是人事不和？还是待遇太少？抑或是工作没有发挥的空间？你要针对问题加以解决，要设法留人，让属下觉得留下来有前途、有希望。有时候虽然不一定能留得住人，但是让对方知道你的诚意，知道你对他的重视，所谓"买卖不成人情在"，日后也许他又会成为你意想不到的助缘，所以懂得留人才有余地。

能让团体运转的有两种人，一是领导人，二是被人领导。如果以刀锋的锐钝来比喻一个人的领众能力，强势的人，刀锋锐利，但容易伤人；和众的人，刀锋是钝了点，但经久耐用且不伤人。所以身为领导者，要具备宽宏的胸怀与平等的精神。此外，"知人、育人、用人、留人"是身为领导者必备的才能，知人首重目标一致，育人则要懂得教导部属，用人要公平合理，留人要使之有前途。

修行之道

学佛是一种思想、一种信念,不是一句话而已,而是一种修行。修行并不是表相上的苦乐荣衰,而是在真参实学中,显发自性的光芒;在志行坚固中,流露悲愿的力量。修行之道很多,提供四点参考:

第一,见人善行多赞美

语言是人际沟通的重要工具,运用不当时却是伤人的武器,因此,学习说好话,以随喜赞叹来给人欢喜,也是一种修行。例如我们看到别人做了一件好事,要给他赞美;我们知道某人是好人,要给他歌颂,所以佛教有一个随喜功德的法门,我们要有一种随缘赞美的性格,这就是待人修己的第一修行。

第二,见人困惑指迷津

学佛并不一定要入山修行或施舍钱财,有时一句好话、一件善事、一个微笑,都能给我们的人生广结善缘,成就大好功德。例如看到有人一时愚痴、一时迷惑、一时想不开,我们要多方提醒他、开导他、鼓励他。不能见到人家迷惑,就不喜欢他、放弃他。学佛要有不舍任何一个众生的悲心,所以,见人困惑给他指点迷津,这是待人修己的第二重要修行。

第三,闻人称誉更奋勉

称、讥、毁、誉、利、衰、苦、乐,佛教称之为"八风",也就是八种煽动人心的境界。做人被人毁谤固然应该自我反省,如果别人称赞我们,也要虚心检讨自己是否实至名归,所以不但要心存感谢,甚至要心怀惭愧,觉得自己还不足、自己还不能、自己还不够,因而更加地奋发、勤勉,如此才能受之无愧。

第四,闻人谤语要警惕

俗语说:"誉之所至,谤亦随之。"世间的好坏没有一定的标准,以伟人为例,有人奉为神明,有人视作魔鬼。甚至一个平凡的人,有人赞美、欣赏,也会有人批评、毁谤。被人毁谤,也不必生气,你把对方的批评毁谤当成是给自己的一个警惕,是给自己忏悔、消灾的机会,能够如此转念一想,就是最好的修行。

"修"是实践,有修的人生才会圆满,才会增加我们的福德因缘。修行非口号、形式,而是要将佛法运用到生活里,修行在生活中。

能用慈悲的语言度人、用慈悲的眼光待人、用慈悲的面孔对人、用慈悲的双手助人、用慈悲的心祝福人,生活中有佛法,才叫作修行!

领导人之道

在一个家庭里,有家长领导子女眷属;在乡村里,有村长领导村民;在公司里,有老板领导员工;在政府机关里,也有首长来领导民众。领导是一个国家社会安定的重要之道,中国人有所谓"宁为鸡首,不为牛后",就是说明人性里大都不喜欢被人领导,而希望领导别人。做一个领导人,要具备领导人的气质,还要懂得领导之道,有四点:

第一,做一个领导人,要能讲能做

"上有好者,下必有甚焉者矣"!作为一个领导人,要能说得到做得到,如果领导者只知要求下属,自己却与所言相违背,则下位者必不服之。再者,如果领导者的操守不良,下位者必投其所好,甚至依循而行,所以,领袖必须要以德行来服人,而且要以身教服众。

孔子说:"其身正,不令而行;其身不正,虽令不从。"领导者要率先为属下作模范,且要言出必行,如此无须颁布法令,属下也能努力于岗位上。

第二,做一个领导人,要无怨无悔

做一个领导人,要有高瞻远瞩,要有乐观豁达的心胸,而且要有不怕困难的坚忍气度,要有全心付出的无悔态度。孙中山云:"危难非所顾,威力非所思。"所以,一个领导者,要能无惧辛劳,要能"甘为春蚕吐丝尽"地努力付出,且认真负责,不怨天尤人,如此在下位者必能同心齐力于领导者。

第三,做一个领导人,要有慈有智

身为一位领导者,除了要把公家赋予我们的责任确实执行外,还要有评估周围情势变化的能力,以及决策谋划与处理危机的智慧。除此之外,面对下属的问题,要以慈悲心来协助他们处理;能将部属的事当作自己的事来关心解决,如此部属才能安心于职场,效忠于领导。所以一个领导人,要有慈有智。

第四,做一个领导人,要不私不傲

成为一个领导者,不可以存有私心,不能凭个人的好恶而对属下有不公的赏罚。更不能假公济私,将公器私用;应该要明是非、知荣辱,要有刚正不阿、不倨不傲、功成不居、遇事承担的勇气,如此才能让属下尊敬,所制定出来的领导方针才能让众人全力以赴。所以,做一个领导人,要不私不傲。

能让团体运转的有两种人,一是领导人,二是被人领导的人。本身无能力又不肯接受别人领导的人,是团体进步的绊脚石。所以,做人要乐于被人领导,也要懂得领导别人。

观人之道

在我们身边有很多的人,其中不乏好人、坏人、善人、恶人、君子、小人,可以说什么人都有。但是我们一时看不出那一个人究竟是属于哪一种人,必须要有一些因缘、境界,才能观察得出其人的操守、精神、度量、心境。所以,观人之道有四点:

第一,利害时可观其操守

利害当前,最容易看得出一个人的操守如何。有的人只问是非,不计利害,只要是对的,是应该做的,则不管利害得失,他都义无反顾,这种人最有操守。有的人不问是非,只讲利害,只要与我有利,不计是非好坏,甚至别人受害,他也无暇顾及,这种人是十足的卑鄙小人。所以,在利害之前,最能看出一个人的操守。

第二,饥疲时可观其精神

这个人有耐力吗?他勇敢吗?他奋斗的精神力如何?他的力量究竟有多少?平常看不出来,在他饥饿疲倦的时候,你就可以一览无余。有的人稍微饿上一餐,稍微疲累一点,他就像泄气的皮球,完全提不起劲头工作。有的人虽然饥饿了,他还是力图振作,务必要把工作完成;虽然是疲倦了,他为了成就一件事情,仍然不惜一切辛苦,不达目的誓不休。所以,饥疲时可以看出一个人的精神力与意志力。

第三,喜怒时可观其度量

一个人的度量大小,平时不容易看得出来,不过当他欢喜或是生气的时候,自然显现在外。有的人欢喜的时候,他可以接受别人的建议,甚至批评指教;但是,一旦生气的时候,即使再好的朋友,给予再好的忠言,他都觉得刺耳。有的人欢喜的时候,可以与朋友共享一切成就,但是一旦生气翻脸了,则任何一点好处也不肯给人占便宜。所以,一个人的度量大小,在喜、怒、哀、乐的时候,最容易看得出真实的面目。

第四,恐怖时可观其心境

人在遇到惊慌恐怖的时候,他的镇静力如何,可以看出其人的心境。有内在涵养的人,能看透世情的人,面临生死危急之境,他也能冷静面对,淡然处之。例如道树禅师与外道斗法,任凭外道以法术变成缺手缺脚,甚至无头无脸的鬼怪来吓他,他都无动于衷。他以无对有,他豁达无惧,他的心境里没有这一切的鬼怪,所以,再恐怖的景象,他也能不为所动。因此,恐怖时可看出一个人的心境。

人生的阅历,要从观人观事里获得;人生的道德修养,则要在反观诸己的功夫上增加,所以观人之余,更要观己。在《孟子》一书里,孟子问齐宣王曰:"吾力足以举百钧,而不足以举一羽;明足以察秋毫之末,而不见舆薪?"可见"观人"容易"观己"难。

相成之道

每一个人的性格、能力,都有各自的特质与专长,甚至各有所长,也各有所短。懂得藏拙而不自暴其短,进而发挥自己有别于他人的特色,就能取长补短,出奇制胜,发挥相成的效果,而让自己在团体中有杰出的表现。所以,人要懂得相成之道,有四点意见:

第一,人拙心要巧

有的人外表看起来一副木讷、笨拙的样子,但即使真的笨拙也不要紧,只要心灵慧巧就好。比起有的人喜欢卖弄小聪明,反而让人看出他的肤浅、不实,这种人其实不名之为巧,而是拙。因为他浮而不实,反而被人看轻,让人瞧不起。所以,人的巧与拙,不一定从行为、能力上表现,重要的是心里要有智慧,要有慈悲、善良,尤其懂得善解人意,这才是真正的慧巧。

第二,人圆心要方

做人要懂得圆融,要面面俱到;如果一味地圆滑,没有是非、善恶,任人摆布,也是不对。佛教讲"随缘不变,不变随缘",就是告诉我们,在真理之前要有不变的原则,但在人情世故上,不妨也要有随缘的个性。所以,做人做事方法要圆融,但心中不能没有原则;

也就是说,大原则应该坚持,小地方则可以方便权宜行事,这就是"人圆心方"。

第三,人弱心要强

有的人个性柔弱,凡事不跟人争,遇事也总喜欢息事宁人,不和人计较。但是这样的人并不表示他没有用,也并非怕事,反而有很多外柔内刚的人,表面看起来是软弱了一点,但是他的心里很有原则、很有分寸,一旦他认定该怎么做,他就很坚持。这种"人弱心强"的人,他的心不容易受人动摇,这才是真正的坚强,才是真正强而有力的人。

第四,人愚心要明

有的人看起很愚笨、很鲁直,但其实他的心里对于是非、好坏、善恶、得失,他都看得清清楚楚、明明白白,一点也不含糊。这种人深藏不露,其实才是真正的智者,也正是所谓的"大智若愚""大巧若拙",所以,做人"心明"最要紧。

人都希望做好人,好人怎么做法?有时候里外要有一点分别,不一定把智谋的一面强烈表现在外,也不必把执着的个性显露出来,能够"外拙内巧、外圆内方、外弱内强、外愚内明",更能在人际之间任运悠游,此即懂得相成之道。

四用之道

一个人要会用钱,还要会用人,更要会用理;会用才是一个能干的人。如果不会用人,必然不是一个好主管;不会用钱,事业一定难以开展;不会用理,必定是一个没有人缘的人。所以不管走到哪里,都要会善用各种因缘条件与资源,才能有所成就。以下四用之道,提供参考:

第一,用兵择其勇

一个将军,要用很多的兵卒帮他打仗,而且要择其勇敢、有胆识的人,才有胜算。同样的,每一个公司行业,也要善用能担当、具宏观、有远见的部属,才能在竞争的社会里一较长短。陆宣公云:"将立其事,先择其人";一个领导者,要有识人的能力,能够选择勇于创新、乐于开拓、具有智慧与分析、判断能力的人才,对企业的运营才有助益。

第二,用人择其才

韩愈的《马说》写道:"世有伯乐,然后有千里马;千里马常有,而伯乐不常有。"寓意择才任用的重要。不过,一个领导者,除了择才外,还要能善用部属的专才,这是选才、用才之道。美国"钢铁大王"卡内基说过:"将我所有的工厂、资金全部夺去,只要保留我的团队人员,四年后,我仍然是一个钢铁大王。"由此可知择才善用的重要。

第三,用理择其道

孔子说:"知之者不如好之者,好之者不如乐之者。"明白道理的人,比不上爱好道理的人;爱好道理的人,比不上乐于实行道理的人。我们在跟人讲理时,理中必须要有道,理中没有道,就是歪理、邪理、不合情理,如此就是无理、无道。"道"就是要合情、合理,要与人为善,要互相尊重,如此才能让人接受。

第四,用钱择其德

"有钱是福报,会用钱是智慧。"有钱要会使用,钱用得正当,就如把种子播洒在好的田地里,一定会有开花结果的一天;钱用不得当,则如同将种子洒在柏油路上,种子必会枯死。所以,布施钱财,应该选择品德忠淳、有学习能力的对象,如此才能为社会培育人才。

俗语说:"举贤不避亲",只要是才,都要知人善用。除此之外,自己也要知道如何善用自己的才,尤其先要具备各种的才能,如此才能为人所用。

四好之道

每个人都希望自己身体好、学问好、名誉好,希望自己所具备的条件都能让人称赞。但是,好有好的因果,坏也有坏的缘由,现在我们来谈谈四好之道,有哪四好呢?

第一,若要身体好,饮食要吃少

过去的人认为身体要健康、要有充足的营养,一定要吃得多、吃得好;现在人却说:"若要身体好,饮食要吃少。"在《阿含经》也说:"若过分饱食,则气急身满,百脉不调,使心壅塞,坐卧无安。"佛世时,波斯匿王因为贪着饮食而过于肥胖,导致呼吸困难,因此请示佛陀如何减肥。现代的医学也证明,吃得太好、吃得过多,会营养过剩,反而带来疾病;过度饮食既然有如此多的隐患,我们自然应该要多加注意,予以节制。

第二,若要人缘好,诚恳莫骄傲

每个人都希望自己的人缘好,不论到哪里都能受到大众的欢迎,受到众人的喜爱。甚至不论做什么事情,都能受到众人的协助。这样的好人缘,并不是凭空而有的。诸葛亮说:"不傲才以骄人,不以宠而作威。"如果你平时待人诚恳,经常服务他人、关心他人,而且谦虚有礼,不骄傲、讲信用、有情义,如此你的人缘必定会很好。

第三,若要家庭好,关怀最重要

家庭里的每个成员,都希望我的家庭和乐美满、我的家人父慈子孝。如何才能建立美满的家庭呢?若要家庭成员相亲相爱,彼此要有良好的互动关系,也就是要互相体贴、互相扶持、互相尊重、互相包容、互相关怀。关怀可以让儿童在爱的环境中成长,关怀可以让老者在爱的家庭中找到安宁,关怀也是夫妻之间相互扶持的良方。所以,要有美满的家庭,关怀最重要。

第四,若要事业好,勤劳来创造

创造事业,要靠平常的勤劳耕耘。爱因斯坦说:"在天才和勤奋之间,我毫不迟疑地选择勤奋,因为它是世界上一切成就的催生婆。"由此可知,勤劳才能创造一切,勤劳是改造社会的动力。涓滴之水,竟能将大石磨损,这不是来自它强大的力量,而是昼夜不停地滴坠。"大地藏无尽,勤劳资有生"。因循怠惰的人,把希望寄托在缥缈的未来;勤劳奋发的人,则是将成功的未来掌舵于股掌之间。

四好之道是提升生活质量的方法,除此之外,平时若能进一步地去关心他人、服务社会、奉献人群,如此不但能组织美好的家庭,更能建立安和的社会。

涵养之道

人要有涵养,有涵养的人才能得到人家的尊敬,所以受教育、求知识、广见闻,都是为了让人有涵养。有涵养的人讲道理,讲礼仪,讲尊重,讲恭敬,讲谦虚,凡一举手、一投足,都能见出他的修为与教养。至于如何才能有涵养,有四点意见提供参考:

第一,水深可以行船

人有多少内在涵养,可以用语言试探;水有多少深度,可以用竹竿测得。水深才能行船,全世界的军港、商港,都有它一定的深度标准,才能供军舰、商船停靠。深山才能长丛林,水深才能养大鱼。假如我们的涵养能像水一样深,就能让各种朋友聚集来投靠我们;假如我们有涵养,一言一行,一举手、一投足,都能表达深度,就能得到别人的尊敬。

第二,波静可以清明

水本来平静无波,平静的水遇到石块,就会激起浪花,平静的水遇到起风,就会掀起波浪。做人,也像水一样,遇到了阻碍,自己就不能理智清明;遇到了外境,无明的业风一吹,就不能自主。在风平浪静的时候,我们可以看到倒影,但当心湖里有了波浪,就不能看到自己本来的面目。所以，一个人的涵养，要能经得起障碍、诱惑、挑动等任何外境的干扰，都能不为所动，那么我们就能像一湖清水一样，所谓"风平浪静"，理智自然清明，自然不会心随境转了。

第三，淡泊可以宁静

有的人生活在动乱里，偶尔静下来反而不自在；有的人喜欢繁荣，他不觉得淡泊可贵。其实，淡泊可以使人宁静，宁静也可以使人淡泊。当我们懂得淡泊的生活，那才真正拥有了人生；当一个人能够享受宁静的时刻，才能知道生活的情趣。人生如果淡泊生活，则没有人嫉妒；人生如能宁静过日子，则没有人讨厌。所以，淡泊宁静，才能通达人生的意义，生活才能有秩序、有条理地安住身心。禅门里所谓"大海之水，只取一瓢饮"，五光十色的世间，五欲六尘的诱惑，只要我自觉心安，有此涵养，那不就是最美的人生吗？

第四，琢磨可以成器

"玉不琢不成器，人不学不知义"，我们的涵养，也不是一日可以达成，也要经得起生活的折磨与岁月的考验。所谓"白玉须经妙手磨，黄金还得洪炉炼"，不能经过苦难的考验，不能经过千生万死、万死千生的历练，哪里能有成功的希望呢？所以真正的涵养，不是轻心慢心，不是从游玩消遣中，就能锻炼成功，必须要有信心毅力，大死一番，才能成功。

所以，涵养我们生命修为的价值，是做人处世的方法。

培植之道

"十年树木,百年树人",古今中外,对人才的培植,莫不同等重视。战国时候齐国孟尝君好养贤士,食客数千人,就是以培植之道来造就人才。但是何为培植之道呢?有四点意见:

第一,植树要培其根

树高千丈不离根,如果根部腐烂了,养分无法吸收,就不可能有花繁叶茂的果,所以,浇灌树木的枝叶,不如从根部好好培植,不可因其隐于地下而忽视;只要根不坏,荒地也能开花。植物的根,好比佛教常讲的"因";在世间上,一切都是由根本发展出来的,所以做人要立定脚跟,解决问题要探究根本,生命也要追溯本源。有根,才能开花结果;无根,就如浮萍,难以安身立命。

第二,植德要培其心

佛经云:"不识本心,学法无益。"心如水之源,源清则流清,所以,古代的仁人君子,都很重视心性的修养。心是一切行为的主宰,正如花开千层不离心,"六祖坛经"也说"一切福田不离心地",心念好好善护,行为才能在正轨上发展,所以要培植道德之花,必定要从心灵上着手,出言吐语才会芬芳远播。

第三，植量要培其广

常言说"宰相肚里能撑船"，但是有的人却"拔一毛而利天下，吾不为也"。其实，"与众分食"才是滋味无穷。《老子》譬喻"上善若水，水善利万物而不争"。就是一种心量；而佛菩萨也有"心如虚空，量周沙界"的宽宏，正因为心里有无量的众生，才得以圆满成就菩萨道。所以，稻穗、花海广大成片，才能令人赏心悦目；人的生命经验要传承，也要有教人的胸怀雅量，才能广被天下。

第四，植福要培其劳

一个人的福德因缘，不是上天平白赐予，也不是父母师长爱护就能成就。华丽之屋起于一砖，锦绣之衣织于一缕，成就必须靠自己，所谓自己种自己收。植福就像开发田地一样，需要胼手胝足、辛勤耕耘，才有收成；唯有经过自己努力付出，才能体会、珍惜。

国家的文化要优良、社会的制度要健全，都需要用心培植；甚至现代医学研究发现，基因是可以通过培植而改变的。凡事只要我们肯用心培植，未来就有无可限量的希望。

养气之道

孟子说:"吾善养吾浩然之气。"养气,是人生重大的修养;人有浩然之气,然后才能谈到养心、养性。所以,对于养气之道,有四点意见:

第一,少思虑,以养中气

有时候我们讲话中气不足、唱歌中气不足,为什么中气不足?所谓"思多伤神,话多伤气",由于思虑太多,过分劳心费神,影响身体健康。所以,讲话固然不能逞一时之快,应该再三思虑,才不会失言;但对于不必要的事也无须思虑太多,才能养足自己的中气。

第二,减欲望,以养骨气

我们评论一个人,常说:那个人很有骨气,或说:某某人没有骨气。为什么没有骨气?贪心重、欲望多,一天到晚只想别人给我,或是为了得到自己想要的东西,常常不择手段。其实有骨气的人,非分之财不要,非分的言论不说,非分的事情不做,一心只想维护自己的骨气。

第三,多经历,以养胆气

一个人如果经历丰富,所做的事情多,所见识的场面广,自然胆气就壮。例如有的人不敢在人前、人多的场合讲话，但只要多经历几次以后，自然不再怯场，不但任何场合都敢讲话，甚至乐此不疲，所以经历可以养成胆气。

第四，顺时令，以养元气

大自然的时序有春、夏、秋、冬四季，春天有春天的景色、夏天有夏天的风光、秋天有秋天的景致、冬天有冬天的特色。在春、夏、秋、冬四时的生活里，炎热的时候要注意身体，避免中暑；寒冷的时候，也要懂得保健，不能着凉。所以，在时节气候的变化里，要保护好自己的元气。

处世之道

人生处世,离不开人;如何处世,才能事事顺利,必先了解人性,懂得处人之道,则处世不难矣!处世之道,有四点:

第一,以言语讥人,取祸之大端

一个有道德的人跟人讲话,绝不会用语言去讥讽别人;以语言讥人,就如《四十二章经》说,一个人恶言恶语骂人,人家不肯接受,就等于送礼给人,对方不肯接受,只有自己收回来。妄语恶口的话,犹如"仰天而唾,唾不至天,还堕其面";恶口讥讽人,犹如"逆风扬尘,尘不至彼,还坌己身"。所以,讥讽恶口,这是自取其祸之端,应该戒之为要。

第二,以度量容人,集福之要领

一个人待人宽宏大量,不计别人的小过失,这是厚道之人,必得人望,自然不会得罪于人而能远祸;人生无祸便是福,所以以度量容人,这是集福的要领。平常我们总想求得福报,福报从哪里来?就是不要跟人斤斤计较,甚至被人责骂,一点也不怨怪,不计较,如此福报不招自来。

第三,以势力折人,招尤之未远

有的人位高权重,习惯用势力去折服别人,用势力去压倒别人,用势力去打击别人。不要以为这样就是胜利,其实是"招尤之未远";有朝一日,自己一旦失势,别人必定会找机会报复。所以,以势力折人,必定招致未来不幸的后果,不可不慎。

第四,以道德化人,得誉之流长

我们不管跟任何人相处,道德为本。说话,要说有道德的话;做事,要做有道德的事;跟人合资经商,合伙事业,要把道德摆在前面,如此不但能远离过失,日久必定善名美誉,源远流长。

获得之道

小孩希望获得糖果,农民希望获得丰收;学生最渴望的是获得鼓励,歌手最期待的是获得掌声;情人希望获得专一肯定,行者希望获得悟道安心。可以说,每一个人都想有所获得。但是,"获得"不会从天上掉下来,"获得"也不是冀望别人给我,获得之道,有四点如下:

第一,由事业而获得金钱

现代的社会,经济重于一切,一般人如果没有金钱财富,生活中"柴米油盐酱醋茶"开门七件事,也会变得十分拮据,甚至想发心做一点善行好事,也需要有资粮。《佛光菜根谭》说:"布施如播种,播种善缘,才能收成。"想要发财富足也是一样,哪里能凭空获得?必须从事事业生产,唯有不断地努力工作,才能获得!

第二,由学习而获得知识

智慧是人生的导航,汲取知识则是智慧的开始。现代管理大师梭罗也有一句话:"全球化时代,知识是成功的关键,勇敢是成功的心态。"知识是人类的动力来源,是进步的基础;但是知识不是道听途说、人云亦云,它是从学习获得,从思考提升。知识如同金钱,金钱由一分一角慢慢聚集,知识也是由点点滴滴慢慢增长,只要不断学习,就能不断获得知识。

第三,由失败而获得经验

大部分的人都害怕失败,因为失败让人丧失自信,失败令人感到挫折。其实失败不可怕,绝望才可叹,失败了可以再来,绝望则没有未来。失败不是绝对的坏事,一个有为的人不怕失败,他会从失败里吸取经验,成为智慧,未来就有成功的时候,所以说"失败为成功之母"。

第四,由发心而获得功德

肯定自己最大的力量就是发心,它可以庄严自己,可以开发潜能。发心走路,路可以走得很远;发心吃饭,饭可以吃得很饱;发心睡觉,觉就会睡得香甜;发心做事,事情就会成功。无论做什么事,只要发心,就有力量。经典说:"恶尽曰功,善满称德。"功德就是从发心中成就、增长。

"山穷水尽疑无路",坚持后的获得是"柳暗花明又一村";"芒鞋踏破岭头云",辛苦后的获得是"春在枝头已十分"。农民春耕夏耘,见到秋收粒粒,他会说:"没有流汗的播种,怎有欢笑的收获?"道人参访行脚,心中有所得时,他也会说:"不负草鞋钱。"聪明的人,行走在这人生的旅途上,你想要获得什么,就要怎么付出。

和谐之道

世界上什么最重要、最宝贵？和平！人与人之间、人与社会之间、人与大自然之间，什么最重要、最宝贵？和谐。谈到和谐之道，有四点看法：

第一，柔美的音乐使人和谐

音乐能表达感情、思想，有移风易俗的功能；音乐的摄受力，感人肺腑，动人心弦，是人类最美丽的表达方式。尤其音乐没有国界，一首旋律优美的乐章，不管是哪一个国家的音乐，听了都觉得好美。人与人之间，彼此可以不懂得对方的语言，但我懂得韵律，透过柔美的音乐，可以促进情感的交流，让人际之间、种族之间、国家之间，达到一种和谐。

第二，森林的鸟鸣使人悠远

虫鸣鸟叫，这是大自然带给人类的天然资源之一，平时经常亲近大自然，可以陶冶性情。例如，在茂密的森林里聆听鸟叫，这是人生一大乐事；鸟鸣让人心情悠远、旷达，不会为了人间的芝麻小事而计较、争斗，甚至伤了和气，这是多么划不来呢。

第三,清雅的馨香使人怡然

"室雅何须大,花香不在多"。整洁雅致的房间,点上一炉清香,让人感到无比愉悦;没事到公园里散步,迎着清香扑鼻的花香,让人怡然自得。世间上还有什么比芬芳的馨香更美好的呢!

第四,无声的沉寂使人安适

每个人在一天当中,有属于大众相处的时间,也要有几分钟独自静处的时间,乃至在一个礼拜当中,也要有几个小时属于自己安静的时间。所谓"宁静致远",沉寂无声的境界,让人心情安适,让人感到无比舒畅。

所谓"耳中清净和谐多"。一首歌,配乐和谐才会动听;在团体里与人相处,能和才能和气、和平、和好、和悦、和顺、和祥、和谐、和衷共济、和气生财。

厚实之道

土厚,能承受;地实,能载物。做人处世要厚实,乃至社会命脉,国家力量也要厚实。荀子在《富国》中说:"仁厚足以安之,德音足以化之。"在佛门里,历来的祖师大德,也莫不经过养深积厚的踏实功夫,才能成就道业,如普愿禅师在南泉山挑水煮饭30年,慧忠国师在党子谷扫地40年。他们尚且需要如此培植福德因缘,一般人如何能不自我充实呢?关于厚实之道,有四点看法:

第一,羽毛不丰,不可高飞

古人言:"毛羽不丰满者,不可以高飞。"一个人的能力还不够充实时,应先自我评量是否能堪受大责,否则难免被讥为"螳臂挡车",自不量力。不过话虽如此,有的人大器晚成,虽不必急于表现,也不能泄气,只要耐得住沉潜的功夫,禁得起时间的磨炼,就会有大鹏展翅、一飞冲天的一天。

第二,法令不善,不可妄为

法令,可以给人保障,可以给人依循,依着法令行事,诸事可以推广,庠序而有则。但是法令的制定,也要再三斟酌,考量大众所需,才能完善。战国时代,商鞅说服秦王推行新法,却因用法过于严苛，树敌众多，最后自毙于自订之法；宋神宗时，王安石致力改革时弊，锐行《青苗法》，却因反对者众多，一片好心付诸东流。因此，当一个法令、办法、规则的制定，还不能完善成熟，尚未获得普遍认同时，就不能轻易妄行，否则一定不为大家所接受。

第三，道德不深，不可表态

德是已得正道而无失，道是指已得之德而能利及于他人；道德皆具全，是人类最珍贵的质量。平时与朋友相交，如果自己没有真实的道德修养，轻易自暴浅薄，朋友也不会掏心与我们交往。同样的，在一个机关里，如果没有人格道德，大家也不见得肯听我们的话，就算与人接触，别人也不会信任于我。所以，"交浅言深"，君子所戒。

第四，学能不具，不可任事

"只要功夫深，铁杵磨成针"，一个人无论学什么、研究什么，都要深入；有深入的了解、研究，然后把计划、办法、理想提供出来，必定事半功倍。反之，当学问、能力尚未具全时，就不能操之过急，不可贸然担当大任。因为所学躐等，就会好高骛远，致使许多言行都像空中楼阁，不切实际，因之学能不具，不可任事。

树上果实尚未成熟，不可轻易采撷；母鸡孵蛋尚未孵熟，不可妄自一啄。万丈高楼起于平地，事业的成就也要一步一脚印地踏实走，才能平稳成长，所以我们不可不重视厚实之道。

成功之道

人生就像一场马拉松赛跑,要想获得成功,必须要有耐力坚持到最后。此外,如《佛光菜根谭》说:"自学,是成功的动力;自律,是成功的条件;自信,是成功的方法;自尊,是成功的要素。"成功其实并不难,只要具备各种条件与因缘。关于成功之道,有四点看法:

第一,有专长必能立足社会

俗云:"万贯家财,不如一技随身。"今天的社会,要想立足其中,必须要具备各种专长与技能。例如长于计算机、长于会计、长于策划、长于写作,甚至长于驾驶,总要有一个专长。今天的社会,讲究专才专用,没有专长,很难立足,所以每个人要想在社会上生存,应该学会维持生存的几种专长,这是很重要的。

第二,有希望必能勇往直前

人是活在希望里,有希望就有未来,有希望,人生才会活得踏实。登山者,翻山越岭,爬得汗流浃背,但是他的心中存着登顶的希望,所以不怕辛苦。人生的路上,尽管崎岖遥远,因为有希望,再远也不怕,所以有希望才能勇往直前。

第三,有勤劳必能不断进步

人都希望明日比今日更好,未来比现在更好。你希望未来更好,就要不断进步,能够不断进步的原因,就是要勤劳不息。古人说:"勤能补拙",做任何事情,只要能精勤力行,终有寸进。就像小水常流,则能穿石;钻木不懈,即能得火。凡事只要精进勤劳,就能不断进步,就能成功。

第四,有远见必能掌握先机

世事如同棋一局,有远见者胜;有远见的人,才能掌握先机,才能成功。

反之,人无"远见",必然只有"浅见",浅见的人生,他只看到自己,看不到大众;他只看到家庭,看不见整个社会;他只看得到眼前的小利,看不到宏观远大的未来,这种人做事格局小,成就自然有限。

成功人人欣羡,但是成功绝非凭空而降,成功有成功之道。

谦卑之道

人与人相处，最重要的就是要有谦卑的风度。一棵成熟的稻穗，头必定垂得很低；一个成熟的人，对人必定是谦卑的。西洋哲学家讲："宇宙有多高？宇宙只有五尺高！"六尺之躯的人类要在宇宙中生存，低一点头会更顺利，因此做人要懂得谦卑。关于谦卑之道，有四点：

第一，向尊长谦恭是本分

每一个人都有父母、师长、尊亲、长辈，对于我们的尊长，我当然要对他恭敬、谦虚，如孔子说："有酒食，先生馔；有事，弟子服其劳。"孝顺父母，对长辈谦恭，这是做人的本分，也是天经地义的道理。

第二，向朋友谦虚是和善

我们对待同学、同事、朋友，态度要谦虚，要尊重他、抬高他，这是表示和善。能够对朋友谦虚的人，自然会有人缘，别人自然容易接受他。

第三，向晚辈谦逊是高尚

有时候对待自己的晚辈，如子侄、学生、部属，在他们前面不必傲慢,不必自高自大;能够谦逊一点,不但不表示你的地位低,或是身价差,反而更显出你的人格高尚,也更能得到别人的尊重。

第四,向生人谦和是安全

平常我们会遇到一些过去不熟悉,或是初次相见的人。不管是为了事业,或是因为别人的介绍,不管是有缘者,或者偶然相遇的人,如果你对陌生的人谦虚、和平一点,这是安全之道。因为对方的背景你并不清楚,万一是位领导,你对他傲慢,事后的结果可想而知,必然是会吃亏的!所以在生人前面谦逊,才能安全无患。

万事成于谦虚,败于骄矜;做人要懂得虚怀若谷,要如大地之谦卑,才能承载万物,成就万事。

中庸之道

在日常生活里,有人过于追逐物欲,有人过分刻苦自励;有人对金钱的使用浪费无度,有人则是一毛不拔,这都不是正常的生活之道。就像一只手,始终紧握拳头是畸形,只张不合也是畸形,一定要拳掌舒卷自如,这才正常。所以,凡事要适可而止,要不偏不倚,这就是中庸之道。如何才能在日常生活里实践中庸之道,有四点意见:

第一,做事不要太苦

人生不能没有工作,因此每个人都不能不做事。做事当然要勤劳,但是也不能太辛苦;太辛苦了,以后做事就畏难、畏苦,就不能长久,不能持之以恒。所以,现在的公司单位大都制定8小时上班制,每天工作时间从上午8点到下午5点,有一个时间性;甚至每个星期不但有休假日,现在还实施周休二日,这就是要我们不要太辛苦。

第二,享欲不要太乐

人不能没有物质生活,适度的物质是维持生命不可或缺的条件。但是有的人享用过度,过分放纵五欲之乐,例如吃要山珍海味,穿要绫罗绸缎、住要高楼大厦,出门要开高级轿车等。过分追求物欲之乐,甚至浪费无度,则如银行里的存款,用得太多,总有一天会负债,所以,福德因缘还是要慢慢享受,不能透支。

第三,待人不要太苛

人与人相处,要懂得待人之道,最重要的,就是待人要厚道,要替人设想。尤其身为主管者,要待人如己,甚至要宽以待人,严于律己,如果待人严苛,或者是过分放任,都不是处人之道。

第四,用物不要太荣

对于日常用物,有的人爱购物,平常没事就喜欢逛街购物,并且乐此不疲,有的人则非名牌不用。其实东西能用、够用就好,不要太过豪华、奢侈,物质太多,不一定很好,所谓"人为物役",物质太丰,有时也是一种负担。

中庸之道其实就是佛道,佛道就是要我们每一个人的生活里,凡事不要太左也不要太右,不要太紧也不要太松;能够不偏不倚即为中。

卷三 | 君子之道

君子具有宽恕之美,
对自己要求严苛,尽量满人所愿;
对别人则随顺因缘,不带勉强。

君子之道

君子的行为是怎样呢？一个有道德的君子,他的所说、所做处处都会为人设想,不会有无理的要求,更不会强制你的行为。他尊重每个人的人格特质,包容异己,所以君子是有德之人,随顺自然,量才为用。君子之道有四:

第一,君子不责人所不及

人有贤愚不等,能力大小不一,等于五个手指头伸出来,自有长短功用。团体当中,相当能干者、不能干者,能力大小分别,不责人所不及,不任意责备他人。学问不如我者,能力不如我者,鼓励提携,给予他尊重,给予他赞美,给予他包容,这才是有德的君子。

第二,君子不强人所不能

一个君子自我要求以身作则,力行身教,不会勉强他人做不想做的事,或做不到的事。好比有人不会讲话,逼他上台教书;不会唱歌,叫他开口唱歌;不会画画,要他拿笔作画,这都是强人所难!人并非万能,包容他人的不能,尊重启发他人的能处,这是君子令人赞佩的美德。

第三,君子不苦人所不好

君子具有宽恕之美,对自己要求严苛,尽量满人所愿,对别人则随顺因缘,不带勉强。君子处人,不勉强好静者逛街购物,不勉强木讷者开口畅言;喜欢大自然的人,邀约他游山玩水;爱好艺术的朋友,提供相关信息,适其性情,随其所好予以安排,不要求他人做不欢喜之事。

第四,君子不藐人所不成

一个有德的君子,知道每个人各有其特质,各有其司所要,因此他不轻视别人,藐视无成。他看人之好,不看人之缺,知道世间之人,必有一处长于自己,如《法华经》常不轻菩萨所说:"我不敢轻视汝等,汝等皆当做佛。"人人皆有佛性,即便是烧火扫地者,也会有强过我之处,因此,君子不看轻一人,不藐视一人。这四点君子之道,也是我们生活中与人相处之道。

和平之道

现在举世人类,最大的希望就是和平。全人类一致要求和平,但是,一些别有用心的野心家、好战分子,他不以人民的幸福安乐为念,而以牺牲人命为他的升迁之道。所以今天的世界,虽然多数人倡导和平,但是,和平要有道。和平之道是什么呢?有四点:

第一,以无我观致力和平

今天大家倡立"和平",却把"我"抬得太高,把"我"执着太深,凡事都是我想、我以为、我认为;"我"之一念,令人永不安宁。《法华经》说:"我见太重之人,喻如饿鬼。""我"为纷争之源,无我才能大公,大公才能和平。所以,欲求世界和平,必须无我;"无我"才能达致根本的和平。

第二,以慈悲力倡导和平

人人希望和平,但是你用瞋恨心对待别人,怎么能和平?你以贪心希求别人给我,怎么能和平?和平必须要用慈悲心待人,你以慈悲心帮助别人,以慈悲心拔人苦厄;人人能以慈悲心相对待,则一切众生皆得福乐。果能如此,则世界才能和平。

第三,以尊重心谋求和平

人人都喜欢被人尊重,却容易忽略尊重别人。"己所不欲,勿施于人"。是尊重他人的基本原则。战国时代为人称颂的"将相和"故事,即蔺相如尊重廉颇,并得到廉颇尊重之回报,终使赵国免去强邻的侵扰;人的五指互相尊重,才能团结为一个拳头,一个拳头才有力量,有力量才能谋求和平。所以,欲图持久的和平,必须建立尊重之心;没有尊重的和平,不能持久。

第四,以平等行实践和平

佛陀在菩提树下金刚座上悟道成佛时,即宣告说:"大地众生皆有如来智慧德相。"此一生佛平等之宣言,实为万亿众生得救之明灯。佛陀成立僧团,标举六和敬,以思想、法制、经济、语言、身行、心意为民主平等的原则。佛陀常说:"我不摄受众,我亦是僧数。"佛陀以平等心与僧团大众相处,实践平等心,从未以统治者自居。我们要见世界和平,必先呼吁普世之人建立平等心,大国小国平等相处,各个种族平等相处,唯有平等心才能进取和平。

平常之道

禅宗有谓"平常心是道"！有的人说话,语不惊人誓不休;有的人做事,不能惊天动地非丈夫。其实,说话,闲话家常更觉亲切;做事,能让大家认同就是圆满;修道,也要修大家都能做得到的"平常道"。能够从平常事物中体会出佛法真理,这就是真修行,所以,平常之道有四点：

第一,稳当话就是平常话

说话,不必标新立异,说话旨在表达意思,因此,说话要稳当、切实,不要说空洞、高调的话。如果说话华而不实,说得到却做不到,或是说话得罪了别人,这都会让人看轻你的人格,所以说话要稳当,这就叫作平常话。

第二,本分人就是快乐人

做人,要做什么样的人？做一个本分的人最要紧。什么叫本分的人？例如应该正直,我就正直;应该诚实,我就诚实;应该慈悲,我就慈悲。我身为人家的儿女,我就做个孝顺父母的儿女;我的身份是学生,我就好好地用功读书,每次考试都有好的成绩来报答老师;我在社会机关里做一名职员,我就好好地把我的职务做好,这就叫作本分人。能够做个本分人,就是快乐的人。

第三,淡泊情就是真性情

人是"有情"的众生,但是,有的人情感太热了,只有5分钟热度,不能维持长久;有的人情感太多了,多得让人受不了。所以,有时候淡泊一点的情感,持之以久,甚至愈久愈香。淡泊的情,就是真性情。

第四,惭愧心就是向道心

人为什么要信仰宗教?在诸多的原因当中,有一个很重要的,就是培养"惭愧心"。惭愧心就是自觉我对不起父母、对不起儿女、对不起国家、对不起大众,我很惭愧。甚至我没有能力、我没有道德、我不够清净、我所做的不够多,因此,要奋发向上。怎样奋发向上?我信仰佛教,在佛教里我开辟另外一片天地,这就叫作向道心。一个有惭愧心的人,自然懂得精进向道。

世事无常,诸相皆空,如果我们有一颗平常心,世间的一切有也好,无也好,都看作镜花水月;得也好、失也好,都能以平常心看待,则生活自能恬适、自在!

丰收之道

每个人都希望自己的人生有好的收成，例如农民希望五谷丰收，商人希望一本万利，莘莘学子希望成绩优异，孜孜矻矻行者希望早得安心。要想丰收，就必须先要付出努力，所以，丰收之道有四点：

第一，欲得谷食，当行耕种

古人说："风雨以时，则五谷丰稔。"想要五谷丰收，就必须耕种。只要春耕、夏耘，秋天必有积谷存粮，自然也就不愁严冬来临。同样的，文人在稿纸上耕耘，焚膏继晷，费尽心血；老师在黑板上耕耘，循循善诱，百年树人；甚至禅者念念相续在心地上耕耘，也无不希望打破迷惘，安住身心。

第二，欲得富贵，当行布施

富贵，让人觉得生活安适，这是人人所追求的。但是，欲得富贵，必先播种；富贵的种子，就是布施。所谓"如是因，如是果"，你不给人，别人当然也不会给你；你不付出，也难以有所获得。所以，布施如播种，有了布施的因，才有富贵的果。

第三，欲得长寿，当行慈悲

一般人总喜欢到神明、菩萨前面祭拜，祈求福禄寿喜。其实，神明、菩萨、佛祖,他不会给我们福寿,只有自己可以给我们自己。我悦服众生,我尊敬生命,我尊重别人,我给人方便,我当然就会长寿。人的寿命,也不只是求得身体上的长命百岁,主要是指延续慧命。所谓:"求福当求永久福,增寿当增无量寿"。我们在肉体的生命之外,还有很多生命,如语言、功德、事业上的寿命;能为自己留下历史、为社会留下慈悲、为人间留下美好,这些都可以让我们更加长寿。

第四,欲得智慧,当修般若

有人希望聪明、智慧,但聪明不是上天所赐,也不会凭空而得。想得到聪明智慧,就要修习般若。般若是我们的自性,是我们的本来面目,是一切智慧的根本。修般若就是修心,心一明,一切皆懂;般若,可以说是人生的宝藏。

因此,人不仅希望获得外在物质的丰收,更应该耕耘内在的精神世界,那才是恒久不失的丰收。

取财之道

中国人每逢过年,见面第一句话就是:"恭喜发财",一般的商家大都供奉财神爷,甚至居家生活也总是说:"和气生财",可见财富为大家所追求。然而"君子爱财,取之有道",如何才是取财之道?有四点看法:

第一,非分之财不可贪

古人说:"清酒红人面,财帛动人心"。说明财富吸引人之处。中国人讲"不义之财莫取",佛教也以"毒蛇"形容非分之财的危险。所谓"孰以显廉?临财不苟",不是应得的财富,即使得到,也会惹来无妄之灾,所以非分之财不要妄求。

第二,分内之财不浪费

祖传的产业、所得的薪水,这都是分内的财富。分内的财富是自己的,可以自由运用,但是也不能任意支出。荀子的《富国》说:"明主必谨养其和,节其流,开其源,而时斟酌焉。"国家如此,个人也是。财富好比流水,流水一去不回头,用了一个就少一个,所以要量入为出,不必要的开销,就不能随便浪费。

第三,劳力之财不自卑

有的人不喜欢用劳力赚钱,觉得劳力的工作卑贱辛苦,收入微薄,为此感到不好意思。事实上,孔子说过:"吾少也贱,故多鄙事。"一个人即使担任清洁工作、在家里做代销、送报纸、打零工……以此贴补日用,养家糊口,这是辛苦所得,虽然是小钱,却是光明正大,坦坦荡荡,更加难能可贵,理所应得,不必为此而感到自卑。

第四,智慧之财不荒废

有的人用自己的智慧、技术、能力来获得财富。比如刻一个图章、设计一栋建筑、画一幅图画、发明新的专利,其所获得的财富,可能比别人薪资所得还高。这种智慧财富,可以自利,也可以利人,不过也要好好用在适当的地方,否则用在无义之处,徒然浪费,那就很可惜了。另外,信仰、精进、持戒、闻法、喜舍、智慧、惭愧,这七圣财能滋润众生,为众生长养慧命之资粮,更要积极培植。

财富的意义,不在于金钱的堆砌,或是账户数字的增加。财富是为光亮生命的内涵,是为造福人类的工具。有钱是一种福报,懂得正确取得钱财、使用金钱,这才是一种智慧。

感化之道

在这个世界上,很多恶事一旦发生,都要靠法律来制裁;但是在宗教里,对于人间的种种不善,则是用感化来对治。法律制裁于已然,宗教则能防患未然。关于感化之道,有四点:

第一,以慈爱来感化怨恨

社会上有一些人,只要稍有不顺就怪你怪他,心中充满了怨恨,充满了不满;殊不知自己的一生,是多少人的成就,他不但不知感恩父母的养育、老师的教导、亲朋的扶持,乃至社会福祉的照顾,反而心生不满。对于这种凡事怪人,不懂自我反省的人,倘若一味采用教训、惩罚的方式,只会更造成他的反感,因此,唯有以慈爱才能感化他,以慈化导,才能消弭怨恨。

第二,以养正来感化邪恶

世间上也有不少人为了功名利禄,不惜一切地中伤别人,甚至心存邪恶的念头,对人不怀好意,尽做一些损人利己的事。对于这样的社会人心,唯有人人"养正",也就是从每个个人自我健全做起,自己要有道德,自己要肯牺牲,自己要肯奉献,人人都能奉行"八正道",以正道来感化邪恶,才能导正社会风气。

第三,以施舍来感化吝啬

在我们身边,不容讳言,有很多悭贪、吝啬的人,即使给人一点小小的协助都不愿意,正是所谓"拔一毛以利天下,吾不为也"!其实这是一个同体共生的世界,帮助别人就是帮助自己;假如沦落到你不帮助我,我也不帮助你,这将成为什么样的世界呢?因此,对于吝啬的众生,要让他认识布施的真意,让他了解布施如播种,唯有肯得布施结缘,才会更有福报。

第四,以真诚来感化虚妄

在生活里,常见有的人为了掩饰自己的错误而说谎,有的人为了获取一己的利益而欺诈。说话或行为虚妄不实的结果,造成人际之间的纷争,乃至影响国家社会的秩序,所以,"诚信"是个人立身处事之道,也是国家社会安定之基。如《中庸》说:"诚者,天之道也;诚者,人之道也。"诚是做人的根本,诚以待人,则人能被感动;诚以处事,则能大公无私,因此我们要以真诚来感化虚妄。

面对世间上每天所发生的恶人恶事,不是只有大动干戈、拳头相向才能解决,一个人要有容人的雅量,能以道德来感化别人,才能建立祥和的社会。

更新之道

枝头新绿,园丁欣慰;开春新雨,农民欢喜。新生命让人迎接,新人受人瞩目;因为新,带来期盼,带来希望。所以,企业经营要别创新格,物品生产要推陈出新。我们每一个人也要不断地更新,思想要更新,做法也要更新;不断更新的人,才会有进步,墨守成规、抱残守缺的人,难以开创新局。我们如何更新呢?更新之道有四点:

第一,要有新观念,迎接新生活

观念会影响一个人的行为,行为会表现成为生活方式。一个人的财富多少、成就大小,往往也会受到观念所左右。观念保守执着,限制了人生的进展;观念灵活正向,就会有不同的契机。旧的观念不改,难以配合时宜;有了新的观念,才能迎向未来,才会有发展。因此,我们要迎接新时代,就要用新观念来开创新生活。

第二,要用新精神,从事新事业

我们的精神不断地更新,事业才会不断创新。人类从过去畜牧时代到农业时代,再到工业时代,近代的高科技信息时代,乃至未来急速发展的纳米科技来临。无论你从事什么事业,你要有新精神,随着时代脚步更新,才不会被淘汰。

第三,要有新知识,领导新时代

现代是一个信息爆炸的时代,知识不断地更新,科技不断地进步,医学研究不断针对各种病源,想要找出特效药,甚至哲学思想也不断地出现新理论。无论什么人,都要积极吸收新知,诚如台湾著名出版人高希均所言:"在知识经济的大环境中,每个人必须不断阅读;在学习世纪的大环境中,每个人必须要不断学习。"有了新的知识,你才有影响力,才能化导新的时代。

第四,要有新作风,处理新环境

所谓"新官上任三把火",这不见得是坏事,因为表示有执行力、有新作风、有开创未来的魄力。有新作风,才能处理老问题,才能去除旧包袱,创造新环境。领导人有新作风,部属也要有弃旧图新的接受度,才能彼此配合,带来新的格局、新的气象。

犯错的人改过自新,令人赞佩;初发心的菩萨道心虔敬,给人赞赏;参禅者也要不断地更新,不断地净化,不断地升华,才能一天一天接近悟的境界。19世纪日本明治维新后,上下耳目一新,走上现代化国家;20世纪初,美国杜威就已喊出:"重新估定价值";中国近代教育家罗家伦也呼吁,要有新思想,要做"新学生"。所谓"流水不腐,户枢不蠹",到了21世纪的现代,我们怎能不走上"更新之道"呢?

相处之道

如何与人相处？这是人生一个很重要的课题。有的人不善与人相处，走到哪里都不受欢迎，甚至不但不得人缘，还到处受人排挤，障碍重重，自然感到凡事都不能顺心如意。反之，善于与人相处的人，处处逢源，处处方便，到处都有贵人相助。所以，如何与人相处的这门学问，每个人都应该用心学习。有四点意见提供：

第一，了解别人是群我之道

我们与人相处，最重要的是了解别人。所谓知己知彼，对于别人的性格、习惯、需要，我都能了解，才能成为知交。春秋时代的管仲和鲍叔牙，所以能结成"管鲍之交"，主要就是他们相互知心、相互了解。但是，反观现在的社会，有很多夫妻、恋人之间，常常因为不了解而结合，因了解而分开，总是令人感伤的事。所以，我们应该因了解而结合，因了解而相互帮助，相互体谅，这才是群我相处之道。

第二，宽容别人是和睦之道

人和人能够认识、相处，就是有缘，既然有缘，就应该和睦相处。和睦之道，在于一颗宽容的心。例如当别人有不合己意的地方,你要包容他;当别人与自己有意见冲突的时候,你要宽容他。所谓"有容乃大",就像大地普载万物,大地才能受人赞美;虚空能包容万物,虚空才能成其大。所以,我们要让自己伟大,应该学会对别人宽容,这也是人际之间的和睦之道。

第三,接纳别人是体谅之道

人难免有智愚贤不肖,对于别人的不足、缺失,你能接纳他,就是一种体谅之心。有的人对人完全不懂得体谅、包容,一天到晚怪这个人做事太慢,嫌那个人说话不中听,甚至觉得这个不好、那个不对。对别人完全没有一点体谅之心,自然心生排斥,当然无法接纳。

第四,关怀别人是友爱之道

人都希望获得别人的关怀,尤其当失意、困难的时候,适时表达一句关怀的慰问、提供一个关怀的协助,可以激发人的信心、重燃希望。关怀别人,就是表达善意,你能不吝关怀别人,一定能获得对方的友谊,所以关怀是彼此友爱之道。

一个人要有未来、要有前途,群我关系一定要相处融洽,一定要主动去关怀别人,能感受别人的存在,自己才能存在。

保养之道

机器用久了,要上油保养,人的身体也要时时运动,用心保健。甚至我们的心灵也要修养,我们的气量也要养成,所以,社会上有各种养生、养心、养性、养量之道。关于身心的保养之道,有四点看法:

第一,清淡的饮食为养身之道

饮食是资养色身不可少的要件,所以,人每天都要吃饭。甚至为了保健,除了三餐以外,还有各种食补、药补。但是,吃得好、吃得多,造成营养过剩,不见得对身体有益;每日三餐,重要的是要定时定量,要吃得均衡,尤其清淡的饮食,不会造成肠胃的过分负荷,反而有益健康,所以现在很流行素食。

第二,良好的书籍为养心之道

人的身体要有充足的营养才能常保健康,心灵也要有养分的滋润才不会枯竭。心灵的营养是知识,知识主要来自书本,所以人每天都要读书。所谓"一日不读书,言语乏味;三日不读书,面目可憎"。读书求取知识,可以变化气质、净化身心,让自己透过读书而明理知义、通情达理,甚至对人生的迷惑、疑问,都能够心开意解,所以读书是养心之道。

第三，尊重与包容为养量之道

一个人的心量有多大，成就就有多大，所以人要养量。古人有谓"宰相肚里能撑船"，政治家要有包容心，尤其现在民主时代，政治人物更要有包容异己的心量，如果你不能包容异己，别人也不会容许你存在。度量的养成，就是要有尊重与包容的心，能够包容不同的人、不同的事，彼此和平共存，才能养量。

第四，欢喜与融和为养缘之道

世间一切都是靠众缘和合才能成就，所以人要广结善缘，才能在社会上立足、存在。一个乐观进取、欢喜与大众在一起的人，才能融入人群，才能与人结缘，所以，养成欢喜的人生观，有欢喜的性格，用欢喜可以培养因缘。例如，说话给人欢喜，与人结个欢喜缘，乃至欢喜施舍、欢喜助人、欢喜给予；经常给人欢喜，就能够广结人缘。

做人要善于养身、养心、养量、养缘，人生的路才能走得平顺。

修养之道

每一个人都希望自己留给人很有修养的印象,有的人被认为没有教养,不仅是自己的耻辱,也意味着家教不好,间接地让父母没有光彩,所以,人要注意自己的修养。怎么样才算有修养呢?有四点意见:

第一,谨言行以寡过

谨言慎行是修身的第一步,也是处世要道。所谓"祸从口出",有的人因为逞一时之快,一句话说得不当,惹来杀身之祸。所以,做人要想免去无妄之灾,首先应该注意不可随便说话,更不可以率性行事;当你的言行都能合乎道德、合乎慈悲、合乎正直,就不会有过失,这是做人的第一修养。

第二,节饮食以养身

人的疾病,绝大多数都是由于饮食不当所引起,例如吃得太多,造成消化不良等肠胃病,乃至现代人吃得太好,营养过剩,形成肥胖症,甚至胆固醇过高、糖尿病等百病丛生。所以,在佛教里主张"少食为良药",甚至主张"不非时食""过午不食"。

我们看到中国大陆在改革开放前,人民虽然贫穷,但是很多人都很长寿,八九十岁,甚至百岁人瑞多不胜数,可见得少食有益健康,所以节饮食可以养身。

第三,耐烦劳以尽职

一个人有没有修养,就看他耐不耐烦。有的人事情一多、工作一累,就无端地乱发脾气;因为他不耐烦、不耐劳,所以成不了大事,当不了主管。反之,有的人凡事接受,他能耐烦、耐久、耐劳、耐苦,为了恪尽职守,为了要把事情做好,为了对主管有所交待,为了不愧对自己的良心,这就是修养之道。

第四,慎喜怒以平气

"喜怒不形于色",这也是一个人莫大的修养。有的人沉不住气,欢喜的时候,大呼小叫、欢天喜地,恨不得天下人都知道他很开心;有时候烦恼了,他就迁怒、生气、找人麻烦,这都是没有修养的表现。所以,真正有修养的人,不管喜怒,都能心平气和,这是很大的修养。

修养是从日常生活中表现出来的自然行仪,要靠平时的养成。

对治之道

世间的问题层出不穷,不但有人的地方就有问题,而且常常为了解决一个问题又衍生出另一个问题,所以,解决问题,唯有对症下药、根除病源,才可一劳永逸。例如"救寒莫如加裘""止谤莫如静修""弃恶莫如扬善""离过莫如积德"等,都是有效的对治之道。说明如下:

第一,救寒莫如加裘

每年寒冬,一般的寺庙、慈善团体,都会举办"冬令救济"。所赈济的物品,除了金钱、米粮以外,总少不了棉被、大衣等御寒的衣物。因为天寒地冻,衣裘最能送暖,此所谓"雪中送炭""寒冬送衣",最是温暖人心。

第二,止谤莫如静修

现代的社会讲究言论自由,但另一方面又常因言论失当,引发毁谤官司。其实,一个人之所以遭人毁谤,多数都是因为表现太好,遭人嫉妒,所谓"誉之所至,谤亦随之",誉与谤常常如影随形。因此,当一个人遭人批评、毁谤的时候,切忌跟他舌战、辩驳,或是打官司、控告对方,这都不是很高明的办法。最好就是闭门自修,冷静以对,最后是非自然止于智者。

第三,弃恶莫如扬善

佛经讲"诸恶莫作,众善奉行",不作恶是消极的止持戒,能够起而行善,才是菩萨道所应奉行的作持戒。尤其对于一个曾经坏事做尽、臭名昭著的人,虽然良知发现,改过迁善,但是,因为过去所造的罪业还是存在,所以必须多做善事,以行善培福来消弭罪业。行善就像是在田地里施肥、灌溉,一旦禾苗长大、茁壮,下面纵有一些杂草,也起不了作用。

第四,离过莫如积德

"人非圣贤,孰能无过;知过能改,善莫大焉。"一个人有心改过,必须下定决心,积极以行动来利益世人。所谓"立功、立德、立言",能够建立古今圣贤一致推崇的三不朽事业,必然仰无愧于天,俯无怍于地。

人生在世,时刻都要小心谨慎地修养身心,同时要有因应问题的智慧与办法。

用心之道

每个人天天都要用心,用心读书、用心做人、用心做事,举凡"举心动念",都是在用心。只是,我们可曾检视过自己的心,我们是如何在用心的呢?我们是把心放在金钱上呢?放在爱情上呢?放在名利上呢?或是把心放在人我是非上呢?如果用心不当,后果就不堪设想,所以我们应该注意用心之道,有四点:

第一,用心宁远勿近

"人无远虑,必有近忧"。有的人目光短浅,看不到未来。他眼中所见,只有一时、一地、一人、一物;心中所想,只有一时的安乐、一时的利益。这种人容易贪小便宜,因小失大。所以,我们要怎样用心呢?心要想得远,要想到三十年后、五十年后的未来。甚至要知道,生命不是只有一世,我们不能只想到今生,还要看得到来生。一个人的眼光能看得远,生命才有未来、才有希望。

第二,用心宁广勿狭

做人心胸要宽广,所谓"心包太虚,量周沙界",你的心量愈宽大,包容的愈多,成就必然愈大。所以,一个人的眼光不能只有看到我的家庭,还要看到社会;不能只看到自己的利益,还要有国家观念。甚至不能只看到国家,还要有世界;乃至不只看到我们的世界,还要看到无边的法界。能够开阔心境、放宽眼界,世界就愈大,生命也就愈丰实。

第三,用心宁深勿浅

一棵大树,根要扎得深,枝叶才会茂盛;山里的矿产,愈是埋得深,质地愈纯净。做人,经过养深积厚,才有内涵;有内涵的人,出言吐语都会经过深思熟虑,自然不会被人讥为肤浅。所以,人生处世,做人不能心机太深,但是做事要用心思考,所思所想要能"横遍十方,竖穷三际",尤其要往自己的内心深处去发掘,才能把自家的宝藏开发出来。

第四,用心宁大勿小

每个人的出身,虽然家世背景不同,乃至智愚、贫富等立足点也不平等。但是,个人前途的创造、人格的养成,并非必然地受限于先天条件的限制。有的人尽管资质鲁钝,只要肯发大心、立大愿、做大事、利大众,也能创造出一番伟大的事业,开展出自己不平凡的一生。反之,有的人尽管智商很高,聪明才智加上祖荫家产富厚,但是如果只是用心于一己之利,其人格、成就也是可想而知。所以,做人用心要大,千万不要因为小心眼而局限了人生的发展空间。

《劝发菩提心文》说:"金刚非坚,愿力最坚;虚空非大,心王为大。"我们每一个人都有一颗宝贵无比的心,千万要好好善用它。

为将之道

《孙子兵法》里提到:"兵者,国之大事,死生之地,存亡之道,不可不察也。"国家的安全,需要由军队来保卫,而军队的训练领导,则需要有将领的指挥、带头;所谓战略、战术、战场上的武德十分重要。同样的,一个团体、机构的发展,也与他的领导人息息相关。如何成为一名将领呢?以下说明为将之道:

第一,体能不健,不可以为强将

我们无论做哪一项事业,不但要有智慧、才能,同时还必须具备强健的体能。你看,能征惯战之将,他们的身体、相貌,都是雄赳赳、气昂昂,如果不是训练有素,怎么能有军人的威武架势呢?所以,强将要有强健的体魄,有要强健的意志,要有强健的战斗力,才能成为一名强将。

第二,进退不明,不可以为勇将

战地里的勇将不只要会打胜仗,纵然打了败仗,也要懂得如何撤退。身为领导人,不能知晓进退,是无法称得上是勇夫。诸葛亮爱将马谡,由于恃才傲物,只知进不知退,导致战争失利,全军覆没,几乎动摇蜀国的根基。所以进退也要有道,才能成为真正的勇将。

第三，兵法不熟，不可以为大将

不懂兵法，不会领兵，不知战略，怎么能做一个将军呢？即使在一般的团体里，对于领众方法、办事效率，不能透彻，也是无法知天时、识地利、利人和、善进退，更不能成为一名大将。

第四，历练不足，不可以为名将

无论是文臣武将，学术、理论一定要通彻精淳，并且能知行合一，行解并重。人称军事天才的拿破仑，也是经常苦读世界各国战史，精研兵书。当他领军作战时，将之运用，并且面对困难，接受挑战，如此才能造就功勋大业。

人生的旅程上，我们要做健将，要做勇将，要做大将，要做名将。

致胜之道

学生参加考试,希望赢得高分;选手参加比赛,希望获得胜利;商人从商,希望赚取利润;国家经济发展,希望展现国力。所谓"赢在起跑点",要想达到理想,一切都要先有计划,如何才能得胜呢?致胜之道有四点参考:

第一,杰出最需要的是创意

现代社会发展迅速,故步自封的人往往跟不上发展的脚步。科学家为了因应时代,不断创造发明,为人类生活带来新气象;制造商为了促销产品,不断改良创新,以致供需能平衡。你想要出人头地吗?你想要高人一等吗?最重要的就是要有创意,观念要时时调整、思想要经常更新、人品要常求进步,有创意才能为生命注入活水。

第二,成功最需要的是努力

我想成功,你想成功,他也想成功,却不一定人人都能如愿成功。柏拉图曾说:"成功的唯一秘诀,就是要坚持到最后一分钟。"一个人所以能成功,不是光靠聪明伶俐,或是谈吐如流,而是需要努力和坚持,需要精进向前的毅力,需要不懈怠、不因循的意志力,如此付诸行动,才是成功最大的关键。

第三,支持最需要的是群众

一件事情的完成,需要大众共同支持成就,孤军奋斗的模式,已经不适用于当前发展迅速的时代。好比一场精彩的演出,需要观众的鼓励肯定;一场激烈的球赛,也要有球迷的加油喝彩;乃至民主国家,上至领导者,下至人民代表,都需要群众支持的力量。同样的,事业要能成功,主事者也要有能力让决策获得广大员工的支持,才能凝聚共识,共同努力。因此,平常的广结善缘很重要,真心待人处事,才能得到群众的支持。

第四,合作最需要的是信任

人与人合作,最重要的条件就是互信互赖,你相信我,你才敢跟我合作;我相信你,我才愿意和你配合。就像员工信任主管,才会投入工作;主管信任员工,才会大胆用人。信任不能只是一句空话,信任感的取得是来自言行一致。因此,平时做人处事,就要重视人格道德,就要公平公正,建立双方的诚信,才能增进良好的合作关系。

循着胜利的原则行事,才能成功在望。

学问之道

佛教里面的青年学子,要经历访师寻道的过程,以增广见闻,才能获得学问,这个过程叫作参学。好比我们现代人除了正规的教育之外,还要继续留学深造,或是四处参问学习其他知识,方为有学问之人。

尤其处于现代社会,无不讲究专业知识与专门技术。科学家还分为生物科学、电讯科学、星际科学、纳米科学、复制科学等等。这些林林总总专业学问的获得,是人类精神、潜能、毅力的开发。学问之道,兹有四点意见:

第一,学问之道,能问则得

学问之首在于发问。有如叩钟,大叩大鸣,小叩小鸣,不叩不鸣;同样的,学习必须向人谦虚请益、叩问,才能获得长辈、大德的教授。例如佛教因为有须菩提尊者的发问,才能留下令人千古传诵的《金刚经》;禅宗祖师启问"什么是本来面目?""何谓祖师西来意?""念佛是谁?"让学生向内心自问自参,直至机缘成熟,而豁然意解,妙得于心。

然而中国人受传统礼教观念的钳制,以填鸭式的教育灌输于下一代,并没有得到禅宗思想教育的启发,所以,学生不敢发问,更不懂得怎样问,如此学不到思考、辩解,又怎能进步呢?所以,学问之道,能问则得。

第二,学问之道,能闻则知

听闻,是获得学问的途径之一。由听闻知道理,由听闻去除恶事,就如容器受水,土地植种,应离不当的过失。例如对于师长的教授,如果不用心,就等于将茶水倒在茶杯的外面;或以贡高我慢的态度,将茶杯倾覆,让茶水倒不进去;抑或是听闻之后,转头即忘,等于茶杯漏了,哪里能装水呢?

第三,学问之道,能思则明

所谓"以闻思修入三摩地",思考,可以让一个人理路清晰,明了;依理思维,可使学人发生智慧,所以参学之后,要不断地思考,思想才能深入。

第四,学问之道,能用则深

参学所得到的知识道理,要灵活运用,方能产生力量。例如在老师那里听闻慈悲,就要将慈悲用来感染人间,增加人生的善美;学了禅定,在日常生活中,就要将禅定用来待人接物,自我观照;问道于前人所得到的智慧,就要用来行佛,利济群生,才能发挥学问的作用。

用书之道

古人说:读半部《论语》可以治天下;阅《资治通鉴》能够知古今;《二十四史》道尽天下的兴亡;三藏十二部佛教典籍,叙述了宇宙人生的真理,可见得书的重要。

人应该要读书,不读书则不知仁义。古来的读书人自我反省,"读圣贤书,所学何事"? 无非是勉励自己,也能跻身圣贤之流。所以,人不仅要会读书,还要会用书,用书之道,有四点:

第一,藏书不难,能看为难

现在有很多人,收藏了很多书,尤其那些发了财的人家,在酒柜之外,还要加设书柜,收藏一些名家的著作,附庸风雅,方能堪称书香世家。所以藏书不难,却以能看为难。

第二,看书不难,能读为难

有些人看书,走马看花,随意浏览;或是漫不经心,貌似阅览,却妄想纷飞,心猿意马。若能将书中真义读出来,真正深入了解却很不容易,所以看书不难,能读为难。

第三,读书不难,能记为难

纵使会读书,也能了解,但是记不住,随看随忘,随读随弃,亦不能达到读书的效果。所以读书不难,以能记为难。

第四,能记不难,能用为难

有很多学者,以速读的方式阅读,在博闻强记之下,赢得博学多闻,聪明巧慧的美名。虽然口若悬河,滔滔不绝地倒背如流,但是不会运用,没有融会贯通,不能善加运用,即使读了许多书,对于自他也是没有什么利益的。

古德云:"一册经卷满馨香,法味供养最富足。""人抬人万丈之高,书抬人无价之宝。"韩愈也说:"一时劝人以口,百世劝人以书。"在在说明以著书立说来利益人间,是书的最妙之用。

所以我们读书要紧的是不但要藏书,而且是要能看书,能看书还要能读书,能读书之外还要能记书,记书以后还要能运用书。将书本融入生活,把知识化为智能,以处理人世间的诸多问题,那么这个书才有用。其实,我们自身就是一本书,所谓"不读自身,不晓得失;不读自心,不知妙处"。

虽然用书之道有四难,但是若能做到"以满腹经纶代替胸无点墨;藏书千册代替腰缠万贯;以文会友代替酒肉朋友;书香社会代替功利社会",仍不失"用书之道"。

治心之道

中国人有一句话说:"药石医假病,真病无药医。"所谓的真病,指的就是心病。我们的心有贪嗔痴慢疑的烦恼疾病,需要转换、净化和调伏。以下提供八个治心方法,作为参考:

第一,以静心对动心

现代人普遍患有浮躁不安的通病,终日凄凄惶惶,不知生活的目的为何,如果能每天有一点宁静的时间,透过禅坐思维观照,必能涤清尘虑,引发智慧。

第二,以好心对坏心

我们的心,时而圣贤,时而魔鬼,载浮载沉,好好坏坏。好心一起,万事如意;恶念一生,万障门开。因此,我们要屏除坏心,摄持正念,消除自他之对待,培养慈悲喜舍,便能以好心对治坏心。

第三,以信心对疑心

怀疑是根本烦恼之一,世间上有不少悲剧导因于猜疑;疑念一起,作茧自缚,人我猜忌,如高山隔阻,见不到真实之自他,因此我们要学习以信心调伏疑心的毛病。

第四，以真心对妄心

我们的心念妄想杂乱，必须以正念来对治妄念，以无念来对治正念，无念即是消除差别，平等一如的真心。意即："心中有佛离心念，念得心空及第归。"

第五，以大心对小心

所谓"百川入海，同一咸味"。"高山不辞土壤，大海不择细流"。都在说明包容的重要。小，有限有量；大，无限时间空间。

第六，以无心对有心

虚空之所以为大，正因为空无。待人处世别有用心则心有牵系，无心则不为一切万法所系。如果能以无心对治虚妄执着，便能享受随缘放旷，任运不系舟的逍遥。

第七，以恒心对变心

"人心惟微，道心惟微"。我们的心如同水上打毛球，生灭不停，对这个无常的心念，我们要以恒心面对，才能不为形役，不为境转，才能获致身心的自在。

第八，以等心对伪心

拣择、分别的心使我们的生活偏离正道，烦恼丛生，所以，禅宗祖师教示以"等心"来对治"伪心"，也就是日常生活中要以真实、平等的心来待人处世，才能免于受困在妄想、分别的桎梏中。亦所谓"至道无难，唯嫌拣择，但莫爱憎，洞然明白"。

领导之道

有些人不希望被人领导,希望能领导别人。然而在家庭,有家长要领导我们;在公司,有董事长、老板要领导我们;国家、社会上也有许多领导人,如县市长、乡镇长、村长等要领导我们。要成为一个领导人,要有领导之道,略有四点:

第一,要能讲、能做

做一位领导人,自己不是只能讲,却都叫别人做。自己能讲,自己也要能做。中国有句话说:"身教重于言教",你要以身作则,站在前头,率先垂范,领导者负有带动部属的责任,不能光讲不做,自己不能实行的话,跟随的人久而久之,必定对你能讲而不能做没有信心。假如能做不讲的话,他也不知道你的意见何在,进而对领导者没有交流。《论语·里仁》说:"君子欲讷于言而敏于行。"所以,对部属谨言慎行,但言行一致是很重要的。

第二,要无怨、无悔

领导者的行为、态度,时时都受到众人的瞩目。你不能让跟随你的人,每天讲你的怨言,每天不断地给你泄气,甚至让他每天懊悔,失去勇气,弄得大家终日不见阳光,只见乌云盖天,其成绩后果可知。所以,做一个领导人,要经常乐观,所谓春风、笑语、慈颜,把欢乐一直散播给大家,让众人感动,所谓"带兵要带心"。

第三,要有慈、有智

领导人要有慈悲心,所有部属的问题要能解决,所有公家赋予我们的责任,也要能解决。要用慈悲心对待一切,你不能做事都与人为敌。过去我们常讲"服务为做人做事的根本",慈悲是给人快乐,用同理心去设想对方、体谅对方,用柔软心对待对方、协助对方。还要加上智慧,既然作为一个领导人,要懂得策划,懂得安排,懂得方法,懂得前后的因果关系。所以,在佛教里面,要能"横遍十方,竖穷三际",就是要能在时空关系、上下人等,都要能够周全圆融,普遍十方。

第四,要不私、不傲

不要自私,不要只顾自己,有己无人,不能让人甘心效命,凡事先想到部属,对应的报酬慷慨给予,何愁不唯命是从?做人不要太傲慢,太傲慢,人家感觉到你很官僚,往往与人难和,这样凡事都不易做通,谦虚对待、亲和关怀,不盛气凌人,不居高临下,则更加方便、更能得到部属群策群力,同心效力接受领导,给人利益则无往而不胜。

好的领导之道是采取积极行动,以身作则,胸怀宽广,豁达大度,去改变部属生活与工作的现实,激发他们的效能。

治家之道

中国古来圣哲、贤人,均强调家庭教育的重要。像颜之推《颜氏家训》、朱柏《治家格言》,甚至曾国藩的《曾文正公家训》等,都被认为是读书修身、治家之道的宝典。佛陀时代,须达长者娶嫁媳妇、女儿,对象希望是有同样信仰的佛教徒。还说:"没有皈依三宝的人,请不要投生在我的家庭里。"可见,以信仰传承也是一种治家之道。主要的治家之道有哪些呢?

第一,妻女无妒则家和

俗语云:"一个厨房容不下两个女人。"其实,家庭里的妻、女、姑、嫂,相处之道要彼此"跳探戈",对方进一步,自己就退一步,和平礼让,恭敬淳谨,不要嫉妒、多生是非。因为嫉妒如火,能烧毁一切。所以,家庭的最大道德,就是不要相互嫉妒,这一个家庭自然会和谐。

第二,兄弟无偏则家兴

家庭中,兄弟姐妹的思想、意见、看法,要合于中道,不要太过偏颇、执着。更不能为了争取家庭中的地位、财产,而演出兄弟阋墙的不幸事件。所谓"苦瓜虽苦共一藤,兄弟虽愚共一心",兄弟团结无偏,家庭才能兴隆。

第三,上下无纵则家尊

家庭中,无论长辈、晚辈,不可纵情纵欲,要依理遵法,家庭才会有尊严。曾国藩在朝为官,权重一时,却经常关心家中兄弟、子侄的生活情况。他特别写信告诫大家,不可流于"骄"、"佚",因为"骄"、"佚"是败家之道。因此,一个家庭要有尊严,必须上下无纵。

第四,嫁娶无奢则家足

婚姻嫁娶是家庭的大事,难免慎重其事。所谓"嫁女择佳婿,毋索重聘;娶媳求淑女,勿计厚奁"。人品的良好端正,才是重要,至于礼节,则不可太过奢华、浪费,家庭就会富足。

第五,农工无休则家温

农工之家能勤于耕作、劳务,不懒惰、不懈怠,家庭自然温饱无缺。现今的工商社会,也不一定指农工之家,只要从事正当事业,都要勤劳勉力,你不游乐、不偷懒,就不怕经济不景气,即使开个小面摊,都能够让家里的大人小孩衣食温饱。

第六,祭祖无忘则家良

慎终追远,是中国人的传统美德,是子孙对先人懿德的缅怀纪念;有时也会遇到邻居、亲友丧祭之事,这时也要适时协助、给予慰问。一个家庭,不忘记祭祖之诚、不忘失丧祭之礼,必定是一个良善的家庭。

学习之道

生命是一连串学习的过程,在学校里固然可以学习,在社会上、人我间,更有着宽广的社会大学。所谓"三人行,必有我师焉",都有我可以学习的对象、事情。如何参究学习之道,提供四点参考:

第一,在苛刻中,学习宽容

受教育的目的之一,就是学习做人处事,我们可以自我反省、自我觉察自己是一个什么样的人。如果待人苛刻,就容易没有人缘,不受人尊敬,做事经常碰壁,也就不难理解了。这时,就必须要学习宽容、厚道及包容。不要一句话就跟人计较,一点小事就与人冲突,能够在苛刻中,学习到包容、厚道,这样才是做人之道。

第二,在冷酷中,学习温情

做人很冷酷,或是对人太冷淡,凡是别人的苦难感觉事不关己、漠不关心,当然就没有人缘,不受人尊敬。这时要学习一点温情、关怀、爱心,如果能学会给人一点温情,给人一点关怀,给人一点爱心,那么就是一个真正富有的人,这世间也会多一些温暖和情意。

第三,在懦弱中,学习勇敢

许多人感到自己的性格懦弱,不敢说话、不敢承担、不敢举手表达意见,甚至不敢站到人前,这都是勇气不足的缘故。懦弱没有关系,勇敢是可以慢慢学习的,从小事情做起,从小团体参与,慢慢自我训练、自我突破,应该说话的时候,要勇于说话;应该做的时候,要勇于承担;应该见义勇为,就当仁不让,勇敢就会慢慢增加。

第四,在狡诈中,学习真诚

做人狡诈、滑头、投机取巧,这是源于自我的认知不足,自我的信心不够,才用此种方式来获取种种利益。所谓"因地不正,果遭迂曲",这必然受人轻视,受他人的不欢迎、不尊敬。唯有改变自己,学习真诚、实在、信用,才会获得人家的尊敬,受到人家的肯定。

学习,能使人脱胎换骨,面对生命的顿挫;学习,能让人接受现实,勇于向缺点挑战。因此这四点学习之道值得穷毕生之力,去认真学习。

处众之道

人是群居的动物,每个人都是大众里的一分子,佛教讲"同体共生",就是彼此相互关联、相依相恃的紧密关系。人与人相处,如何和谐愉悦、皆大欢喜,获得好人缘?以下六点处众之道可以参考。

第一,语言要温和

俗语云:"见面三分情",见面时,要以善意问候来结缘。佛门的"爱语",就是以温和礼貌的语言来与人交往,用砥砺人心的语言来给人鼓舞,用关心体贴的语言来与人沟通。一句温和的话,能得到很好的朋友;一句恶语,可能会让多年挚友反目成仇。所以,不要吝惜用温和的语言。

第二,往来要诚挚

"感动,是最美的世界",要使人感动,铭心不忘,唯有真心与人相待,时时不忘散播欢喜的种子,让周围的人感受到自己的诚意。在家对父母感恩,在学校对师长敬重,在社会上对朋友尽义。对大众和睦,对社会尽心,都是展现对朋友诚挚的互动。诚心如滴水穿石,又如铁杵磨针,更能化腐朽为神奇。

第三，待人要恭敬

《法华经》里有位常不轻菩萨，以敬视众生如佛的普敬法门来修行，使他能授记成佛。"因位如来"的普贤菩萨，也是以"礼敬诸佛"作为修行。所以你恭敬他人，他人也会恭敬你，减少彼此摩擦。恭敬实为成就自己与他人最快速的不二法门。

第四，处世要谨慎

在缜密的人际网络里，言行举止上容易冒犯他人，也因自己不周全而伤害别人。处世要"停听看"，"停"是等待，等待机会、等待因缘，是预备力量再出发；"听"是让你知道人情世事的好坏善恶，不听，怎么知道好坏对你的影响呢？看清目标，才能清楚前途何去何从，没有眼睛的世界是一个怎么样的情形呢？鉴古知今，关羽"大意失荆州"，拿破仑"滑铁卢之役"，都是过度自信自满才招致失败，所以在做人处世上，不可不小心谨慎！

第五，举止要谦逊

与人相处，礼貌周到，每一个行为举止要谦逊有礼，虚心表现自己的不足。人人都是值得自己学习的老师，如此才能让人欢喜、受人欢迎。俗谚说得好："若要好，大作小。"自己广结善缘，也能因此学习到更多。

第六，人我要尊重

你比我好，我尊重你比我付出多一分的努力；你比我差，我尊重你为了成就大众才甘居于后。人人若能够尊重彼此的优点，并引以为学习的榜样，培养宽容的雅量，自己在智慧上也会增长更多。

在社会群体中生活,要能从人际的互动,感受人性真善美的可贵。"处众之道"无非是要缩小自己,成就他人,在互尊互重互爱之下,自他关系更为圆融。

觉悟之道

一年365天,人生百年,就有36 500天,日子一天天过,要选择过快乐的一天?还是痛苦的一天?是清明觉悟的一天?还是浑噩愚痴的一天?我们虽然无法决定寿命的长短,却可以选择过着清净自觉的生活。怎样才是过觉悟的一天?提出四点意见:

第一,以无我观,觉悟世间假相

一般人执着我,这是我的眼、耳、鼻、舌,这是我的身体。其实,这个都不是我的,身体在时间之流里,我不能自主;身体在宇宙里生存,我无法做主,要生病,要逐渐损坏,都无法自我决定。这一个我、身体,是种种的因缘供给我让我存在。因此我们要以无我观来看待,无我观就是因缘观,种种的因缘和合存在,因缘散灭了,和合的假我也就散灭了,只是一个短暂的存在。如果能彻底觉悟无我,就不会太计较、太执着世间的假相,人生因这样的觉悟,就会获得更大的快乐。

第二,以无常观,觉悟诸法实相

宇宙万有中,有一个不变的原理,就是无常,无常是指一切迁流不息的变化,没有一个永恒不变的东西。常人执着我拥有的物品、亲人、名位、财富等,再坚固的物品会有损坏,再亲密的亲人会有离散,再崇高的地位会有堕落,再多的财富也会有消散。虽然好的变坏了,但是,坏的可以再变好,这种变化,就是无常,是诸法的本来面目。能够觉悟这种实相,就能看破放下,而拥有更积极、开放的人生。

第三,以平等观,觉悟理事无碍

这个世间无论男女老少、贫富贵贱,其本性平等,无高下之分;其他有情众生,无情的山河大地,也都平等。从理上看,世间万物,其性本空;从事相上看,森罗万象都是依因待缘而有。

能用平等心观世间,从理中有事,事中有理来体会,慢慢能达到理事圆融无碍,就能广纳世间。

第四,以般若观,觉悟人我一如

《摄大乘论释论》说:"由一切众生一体摄故,我即是彼,彼即是我。"所谓的"蝴蝶效应":"亚马逊流域的一只蝴蝶拍动翅膀,会掀起密西西比河流域的一场风暴。"以般若智慧来看,宇宙是一个生命共同体,一个渺小的事件,也可能具影响性的关键,能以般若智,觉悟万有是同体共生,是人我一如,就能像布袋和尚一样,大肚能容,容天下难容之事。

昏昧也是一天,清楚也是一天,同样过 24 小时,结果却不可以道理计算。提供这四则觉悟之道,朝着解脱的目标迈进,过一个清明净觉的生活。

读书之道

人在世间上,一定要读书。从一个人的谈吐、气质、智能、知识、品德,可以知道这个人所受的教育,虽然知识和人格不一定成正比,然而教育的主要目的就是改变人的气质,提升人的修养。所以说到教育,就必须要读书,关于读书之道,有四点说明:

第一,不时地展阅,则眼熟

好书,开卷有益。时常地展阅,温故知新,对于书里的道理,自然熟悉。正如苏东坡所说:"旧书不厌百回读,熟读深思子自知。"三国时的董遇也说:"读书百遍,其义自见。"好书值得一读再读。每次重读,随着年龄、生活经验的增长,另有一种新的体认。

第二,不时地谛听,则耳熟

听到一曲耳熟能详的歌,很快地引起共鸣。同样的,一句话,你会谛听,可能改变观念;佛法一句偈,你会谛听,可能打开启悟之门;禅门祖师一句话头,你能听入内心,就能契入真理。《华严经》云:"佛法无人说,虽慧不能解。"因此,无论修学佛法,读书做学问,皆贵在多闻熏习。

第三,不时地读诵则口熟

好书,不只是要看,有时更要读诵,甚至能琅琅上口。好比学习语言,要勤于说,遇见外国人,才能脱口而出。过去中国的私塾教育,讲究背诵,背书必须读诵,读得滚瓜烂熟,才能在必要的时候,信手拈来,出口成章,讲出深刻隽永的道理。

第四,不时地思索则心熟

读书除了眼到展阅,手到书写,耳到谛听,口到念诵以外,最重要的是要思索。思索以后融会于心,才能将书中的道理,转化为自己的财宝,成为自己的学问。譬如乳牛吃了牧草,也要反刍,才能消融转化,成为养分。因此,儒家有谓:"学而不思则罔,思而不学则殆",佛法亦云:"以闻思修而入三摩地",这都是指出"思"的重要。

读书之道,别无他法,唯有多看、多听、多读、多思考,才能将书本上的知识、道理,内化成自己的涵养及智慧。读书做学问,也不在聪明智慧,而在专心与努力。

教子之道

世间上,无论功在乡梓或是祸殃乡民者,其思想个性的养成,均离不开父母的教育与家庭的熏陶。所以,对于孩子的品格和道德的养成,父母的观念、方法是非常重要的。可叹的是,现在社会信息复杂,价值观模糊,让做父母的常常感到不知如何教育儿女才好。以下四点教子之道,贡献给大家参考:

第一,励以志,不励以辞

有位身陷囹圄、悔不当初的狱中人,回忆少年时期逞凶斗狠,每次和人打架,满身伤痕地回到家里,母亲总是厉以颜色地说:"你还好意思回来,爱打架就去打得够,打输了就别回来!"这样的教育,使得他性格愈加暴戾,终于犯下杀人罪。所以在教育子女时,要让他受到尊重,加强他的责任感,教导他理性地表达自己,鼓励他确定生活目标,而不是用严厉的语言不断地苛责。

第二,劝以正,不劝以诈

有个小孩在学校偷了同学的圆珠笔,父亲知道后,立刻给儿子一记耳光说:"你怎么可以偷人家的笔呢?你要圆珠笔,爸爸可以从上班的地方拿一大包给你。"这样的言行,怎能做儿女的表率?

所以,教育子女要以身作则,孟子曾经说过:"身不行道,不行于妻子",自己要有高风亮节的行谊,才能教导出言行道德高尚的子女。

第三,示以俭,不示以奢

春秋时鲁国大夫御孙说:"俭,德之共也;侈,恶之大也。"节俭的人,对物质的欲望必定较少,奢侈之人,必定多求妄用。寡欲则能谨身节用,不被利欲蒙蔽自己的良知道德;奢侈则因不能满足己欲,导致铤而走险,遭来祸殃。俗语说:"由俭入奢易,由奢入俭难",因此,父母应以身作则,让子女们从小就养成节俭的习惯。

第四,贻以言,不贻以财

西晋何曾日食万钱,子孙习其骄奢淫逸而倾家;宋朝寇准豪华奢侈,子孙遗其奢靡而穷困。与其留给儿女万贯有形家财,不如把宝贵的人生历练、无价的智识经验以及生命的智慧,遗留给子女,让他们在馨香的道德环境中耳濡目染,培养健全的人格,长养廉洁的道德,传承前人处事的智慧,这才是让子女安居乐业之道。

父母教育子女的方法,除了提供无虞的物质生活,还要给他们精神生命的滋润,所以,父母应有无限的方便与善巧,有时以严格来折服教导,有时要以慈爱为善巧抚慰,恩威并济、宽严并施,最重要的是父母以身作则的教示。

夫妇之道

夫妻之间,应该怎样相处?所谓"夫妇之道有三等",你是哪一等的夫妇呢?看看有以下六点参考:

第一,上等的丈夫,回家帮助太太料理家务

上等的先生下班之后,会想到太太忙于工作,还要忙于家务,必定辛苦,回到家里,他会体恤太太的辛劳,协助太太操持家事。这样的丈夫,必定是上等的好丈夫。

第二,中等的丈夫,回家喝茶看报赞美太太

不会帮忙做家事的丈夫,回到家里,虽然喝茶看报纸,至少嘴巴还会赞美太太,感谢太太的付出,如此的话,太太再怎么辛苦,也能甘之如饴。

第三,下等的丈夫,回家盛气凌人嫌东嫌西

最下等的丈夫,回到家里,就是一副自己最辛苦、自己为家庭付出最多的姿态。一下嫌太太菜煮得不好、一下嫌太太不会打扮,看不顺眼东嫌西嫌,甚至盛气凌人,这是最下等的丈夫。

第四,上等的太太,治家整洁贤惠有礼

俗语说:"家有良妻,如国有良相。"一位贤良的妻子,能将家庭的开源节流打理得妥当,家庭环境维护整洁,态度温敬柔软,周到体贴,行仪慈孝和顺,让先生无后顾之忧。

第五,中等的太太,慰问丈夫赞美辛劳

莎士比亚说:"一个好妻子,除了处理家务外,还兼有慈母、良伴、恋人三种身份。"所以,治家能力差一点的太太,至少要能多说好话,要常常慰问赞美先生的辛劳与付出。

第六,下等的太太,唠叨不休刻薄自私

下等的太太,不但不善于治家,先生辛苦回到家时,还会喋喋不休,一下嫌弃他的职业太低、赚钱太少,一下埋怨住得不好、穿得不暖,如此只会让先生觉得家如监狱牢笼。

很多失败的婚姻,都是因为双方不能谅解对方的辛劳,不能体会对方的付出。所以,夫妇之道,从互相欣赏、互相体谅开始,遇到困难险阻时,能互助克服,共离困境,婚姻才能美满。

孝亲之道

自古以来,中国人讲究以孝立国,以孝治天下,孝亲是非常重要的。在佛教里,孝亲之道分有三等:衣食无虞、物质供养,这是最基本的小孝;努力进取,光宗耀祖,是中等的孝顺;引导父母有正确的思想、观念、见解、信仰,让他可以解脱烦恼,离苦得乐,甚至超凡入圣,成就佛道,这是上等的孝顺。以下也提供四点孝亲之道:

第一,供养莫使贫乏

子女幼小时,为人父母者无不尽力满足所需。儿女长大后,有能力回报时,对于父母所需饮食、生活等基本物资,也要能供应,让他们无所匮乏。乃至有时候,父母有一些特别的嗜好,只要是正当的,如散步、运动、喝茶品茶、聊天下棋等,都应尽量给予支持,让他们感到安慰满足。

第二,凡事先行告知

有一话说:"父母心,磨石心。"经典也说:"母年一百岁,常忧八十儿。"无论父母年纪多大,他们的心就像石磨一样,转动不停,时时惦念儿女。因此,做儿女的人,有什么事情、出门去哪里,要告知父母,让他们安心,免得老人家为你挂念、担心。你凡事应向父母禀告，让他们安心，感受到你的尊重，这比你给他再多的供养还要重要。

第三，做事光宗耀祖

天下的父母无不以儿女为荣。你的所有言行、所有作为，不使家庭蒙羞、父母蒙羞，乃至使祖先蒙羞，这就是孝顺了。光宗耀祖也不一定是拥有高官厚禄、声名显赫，你心中有道甫，时时助人，走到哪里，让人感到欢喜你、肯定你，父母因为你的善行懿德，受到别人的欢迎祝福，这也是光宗耀祖。

第四，不断父母正业

假如父母有什么好的事业、正行，为人子女者更要为他们发扬光大。例如父母恭敬虔诚，热心护持宗教事业，子女要有信仰上的传承；父母曾经帮助教育慈善事业，子女也应该延续他们的爱心，让父母亲的善名，远播十方。有了这些继承，父母的慧命、事业，都能可以延续，这是最大的孝亲之道。

孝是人我之间应有的责任，孝是人伦之际亲密的关系；孝维持了长幼有序，父母子女世代相承的美德，是对生命的诚挚感谢，无悔无怨的回馈报恩。这四点孝亲之道，可以让我们实践孝的精神。

用水之道

古人有云:"福报如水",水用完了,表示福报也流尽了,所以长辈莫不教诫子弟要"滴水如金"。古代也有句老话,每个人每天只能用七斤四两水,超过了,就是浪费不惜福。如何才是用水之道呢?以下有四点意见:

第一,要节约爱水

古代大德形容水如财富,你能把用水当作用钱,不浪费水,也等于是不浪费钱财。反之,你不节约用水,甚至浪费水,就等于浪费钱财。因此,爱惜财富,就要节约一点,不能随意花费。水也是一样,能节约用水,水就能源源不断,一生会用不完。

第二,要惜福用水

以前有一名弟子提水给仪山禅师洗脚,由于水太烫,在加一点冷水后,随手便倒掉剩下的半桶冷水。仪山禅师生气说:"即使是一滴水,也能给人解渴,给草木生长,它蕴含天地无限的生机,你这样轻易把水倒掉,怎么能和诸佛接心,与祖师相应?"这名弟子受了仪山禅师的教诲,从此改名"滴水"。人在世间,福报有多少,这是有数量的,不要以为自己万贯家财,若福报享尽,仍会一无所有。

等于银行存款,浪费开支,终有尽时。所以虽然只是滴水,也要节用惜福,不随意浪费。

第三,要培德蓄水

不但节约用水,还要知道蓄水。平常水龙头一开,水就自然而来,等到停水时,就知道生活的困难。假如平常就知道节约用水,惜福用水,甚至我们像培福集德一样,蓄水储备,就不怕因一时失水而着急了。

第四,要植树造水

除了消极地节约、惜福用水外,也要积极从爱护水源、不破坏水源着手。要爱护水源,平时就要不滥砍伐树木,甚至要广植林木,借着种植树木让树根抓住土壤,涵容水分,以加强水土保持。

水,浇在花草上,花草会生气盎然、吐露芬芳;水,送给焦渴的人,焦渴的人会如获甘霖,解除热恼。旷野的森林草木动物,也都是靠着水的滋润,才能生长活动。水对万物,实在有无限贡献。

因此,这四点用水之道实在值得我们深思实践。

进退有道

一个人言语举止没有分寸,别人会批评他"不知进退";赞美一个人待人处世合乎法度,说他"进退中绳"。说一个人"进退维谷",是形容他陷入前进不了,又后退不得的窘境;一个人临事张皇失措,就是"进退失据"。一个人如果只知"进步",那他只拥有一半的人生;还要懂得"退步",才是完整的生命,因此,我们要能进能退。进退之道大有学问,提出四点供大家参考:

第一,快速而不马虎

我们处在追求快速的时代,做任何事都讲究时效、效率,不容许慢吞吞。吃的,以方便面、快餐解决;行的,追求高速、超音速;住的,流行快速建筑。行事有效率当然很好,这是一种进步。但是,在追求速度之时,也要能静下心来,仔细规划、考虑,才能避免受马虎之害。譬如现代社会,离婚率居高不下,就是对婚姻大事,抱持速成马虎的心态,只知进而取,不知退而思的后果。

第二,谨慎而不保守

小心仔细做事,固然比较不会出错,但过度谨慎,就易趋于保守,往往在该果断时,仍迟疑不决,因而丧失先机。只求不犯错的谨慎,只是有"守"的技术,而没有"进"的智慧。一位年轻人拿着解聘书到总经理室,问:"我这两三年来都没有出错,为什么解聘我?"总经理说:"你没有出错,代表你只是追寻前人的脚步处理事情,而不敢冒险。敢大胆冲刺,小心求证的人才,才是公司竞争的本钱。"因此,做事要谨慎而不保守。

第三,谦虚而不卑贱

仅有高视阔步,昂首向前的自信,只是半部"前进"的人生;还要有虚怀若谷的情操,懂得低头弯腰,才是完整的人生。但是,态度需要谦虚,却不能卑躬屈膝,谄媚阿谀,置自我尊严于不顾。一个人必先懂得自我尊重,才能真正尊重别人。因此,要在自我尊重里谦虚,而不是奴颜媚骨。

第四,礼让而不畏缩

在良好的人际关系中,最讲究的就是礼让。礼让是美好的处世态度,但礼让不是畏缩,不是躲避。只知一味礼让,只是退步的人生,易流于怯弱;在礼让之下,还要能勇敢向前、自我承担,才是有进有退的完整生命。

圆满的人生,要像跳探戈,有进有退。如何进?何时退?其道甚大,必须运用智慧,才能真正体会"进退有道"的深奥。

卷四 | 幸福之道

怀抱希望的人对未来必定充满自信。
对未来抱持信心,就会有幸福。

幸福之道

每个人追求的幸福不同,定义也不同。有人以获得财富为幸福,有人以拥有爱情为幸福,有人以权力在握为幸福;这些外在取得的幸福,看似实际,犹如泡沫,难以掌握。到底什么才是取之不竭、用之不尽的幸福?有以下四点:

第一,生活要乐观进取

英国诗人拜伦说:"悲观的人虽生犹死,乐观的人永世不老。"分别只在一心的取舍。心,可以是光明庄严的道场,也可以是烽火漫漫的战场;心,可以是生产良好产品的工厂,也可以是盗贼土匪的温床。选择以乐观的态度面对一切,幸福的种子就已萌芽,加上进取的因缘,必定获得幸福的果报。

第二,工作要胜任愉快

工作中,想要胜任愉快、发挥所能,莫过于敬业乐群,最失败的,不外乎与主管对立、与同事有隔阂。再者,抱持心不甘、情不愿的心情,推诿、讲理由,做来感到辛苦不堪,如何有幸福可言?能发挥热忱、活力,工作自能胜任愉快。

第三，事业要进取有恒

想要有一番作为，恒心毅力、进取勇猛是不可或缺的因素。倘若稍受困阻，就尽弃前功，如何成就？孟子云："掘井九仞，而不及泉，犹如弃井也。"因此，做事必须进取有恒，抱持"不达目的，决不放弃"的信念，终能"滴水穿石"，走向幸福的大道。

第四，未来要充满自信

怀抱希望的人，对未来必定充满自信。大文豪萧伯纳说："有自信心的人，可以化渺小为伟大，化平庸为神奇。"内心充满自信者，能驱动生命，转化因缘；对未来有信心，就懂得为当下负责。纵观现今社会，忧郁症和自杀者频传，这就是对未来空虚，没有产生希望。因此，突破内心的恐惧，对未来抱持信心，就会有幸福。

幸福，不是别人给我们的，也不是上天赐予的，想获得精神上的满盈、永恒的幸福，把握以上四点就可以实现。

事业成功之道

表演者演出内容要精彩,必须不断揣摩;产品要不断推陈出新,才能符合大众的需要;想要在各行各业中脱颖而出,就需付出努力;任何事业要成功,也要有各方的因缘来成就。事业成功之道有四点:

第一,个人为小,团体是大

所谓"三人成众",现在的社会,唱独角戏的个人表现已不太能成功。事业要成功,首重"集体参与""集体创作",要将自己的心随顺大众,融入团体里,才能有所成就;离开"众"则事难有所成。倘若人人都能抱持着"大众第一,自己第二"的想法,何愁事业不成功呢?

第二,职务精简,分工合作

现代社会重视分工合作,如建筑分工、管理分层,而每个事业无不集多数人的努力才能完成。因此,分工合作就是团队精神的展现。在分工合作中,每一个单位、每一个职务都不可忽略,大家集思广益,才能创造出历史性的事业。好比佛教丛林职务有四十八单,依个人的发心、能力、德行、才学的不同,彼此分工合作,才能使团体更上轨道。

第三，相互尊重，精神一致

团结如桶，不可有漏洞。一个团体要发挥最大的力量，必须每一分子都有共识，且能相互尊重、相互包容。如果一起工作，却彼此离心，彼此牵制，则无法成就；若能精神合一，理念一致，即使分散各地，也会有所成就。

第四，掌握时空，健全制度

修行人之所以要精进修行，就是为了在无限的时空里证入菩提，在刹那的时光中掌握永恒。同样的，事业要有百年根基，也要懂得掌握时空，才不致错失良机。现在的社会凡事讲究制度，一个企业也要有健全的体制，才能永续经营。

成功不可能从天上掉下来，事业要成功，必须具备种种因缘。

快乐之道

快乐是对生活感到充实,对心灵有所提升。快乐是一种精神的成就、满足,好比农家看到果菜丰收,园丁欣喜百花争艳。快乐是人人所希求的,我们要追求的快乐之道到底在哪里呢?

第一,快乐在真心情意里

有人以为有钱就会快乐,但是金钱也会带给人烦恼,不能解决所有的问题。许多人以为爱情就是快乐,但是自私的爱情,也会给人带来许多执着痛苦。有人认为有了名位就会快乐,等到名位高了,反而失去自己。其实快乐就在真心诚意里,你待人以真、待人以诚,脚踏实地培植好因好缘,以真情真义交流相待,获得的快乐,才是珍贵。

第二,幸福在人我友谊里

人不能没有朋友,朋友之交,相互提携,彼此勉励,是快乐的泉源。《中阿含经》云:"比丘但念自饶益及饶益他,饶益多人,悯伤世间,为天、为人求义及饶益,求安隐快乐。"生而为人,生活安乐、家庭平安之外,真心关怀友人、关怀世间,自利利人中,会为人生带来快乐。

第三,平安在无求无怨里

有所求,就会有所失落,失落了,就会产生怨恨,内心就会不平衡,不平安。《八大人觉经》云:"无自多求,增长罪恶。"多求多烦恼,只有无求,才能得到平和、平静、平等、平安。菩萨在人间付出,普行大慈大悲、大喜大舍,他的心无怨无悔、无虑无求,不但自己坦然平安,也会带给一切众生平安。

第四,解脱在看破自在里

一般人习惯追求外在的感官之乐,例如眼观色、耳闻声、鼻嗅香、舌尝味、身感触,这种根尘的快乐却是短暂、空虚而不真实的。人想要从忧悲苦恼中解脱出来,追求更高的心灵层次,就必须要能看淡世事、看破实相,心里有满足、有包容、有智慧、有信仰,自在快乐的泉源就会被开启了。

与其追求短暂不长久的快乐,不如追求永恒无住、没有执着的欢喜自在。《善业经》:"过去之法不应追念,未来之法不应希求,现在之法不应住着,若能如是,当处解脱。"能够认识人生真相,凡事尽己因缘,结果随缘随喜,不追求取着,穷也好、富也好,有也好、无也好,一如云水,悠悠去来,就可以解脱获得快乐了。

安全之道

生活之中,每个人都希望获得安全、安乐。天灾地变,非个人力量可扭转,但人为的祸端,有时却是自己造作所致,因此,灾祸是可以从日常做人处事上避免的。如何是安全之道呢?有以下四点:

第一,非善之事不为

人要做事,生活才有着落,人要做事,生命才能发挥功用。但是做事也要有所选择才能安全,《佛说孛经》说:"人发善心,鬼神助之,恶虽不觉,终必受殃。"不善的行为、不善的事情不能做,只有存好心,说好话,做好事,才有好的人生。

第二,无义之言不说

《一切有部毗奈耶经》说:"若人生世中,口常出刀剑,由此恶说故,常斩于自身;若赞于恶人,毁谤贤善者,由口生众过,定不受安乐。"说话不当,有时比利剑更伤人,不但自己无法安乐,甚至惹来祸殃,招致不幸。因此,说话要得体,说得合理,要说对人、对世间说善美的话,要说有意义的话,你说的话,才会被人接受,受人敬重。

第三，危害之行不做

所谓"一人一事都有道理，一举一动都有因果"。因果是如实的真理，一切善恶都有规则循环，害人之行最终还是回到自己身上，所以，即使是小小恶事，都不能妄为。一个人只要发挥自己的长处，对别人、对家庭、对团体、对社会做有益的事，你对别人有贡献，别人怎么会不看重你，和你友好相处呢？

第四，造恶之友不交

朋友是一生重要的伙伴，他们的言行，也深深影响我们自己。《缁门警训》说："邪师恶友，畏若豺狼，善导良朋，视如父母。"因此，交往的对象要慎选，远离恶友、损友、心念邪恶的人、行为不端正的人。

开车、坐车要系上安全带，道路有安全岛维护车道行进安全，乃至车与车之间也要保持安全距离，同样的，人要活得安全，主要靠自己的行为。用安忍来面对困难坎坷，用慈悲导正暴力行为，用戒法健全自我身心，用禅定作为自己安住的力量，再加上述这四点作为安全之道，必能远离灾害。

聪明之道

聪明之道,首先耳朵要聪敏会听,听四面八方;眼睛要明亮会看,看远近古今。光会听、会看,还要会说,说得真实不虚,说得让人拍手叫好。聪明的人,看在眼里,听在耳里,记在心里,能用心学习一切,讲说智慧之语,提升生命的层次。聪明之道有四点:

第一,眼观天下,天下如"果"

有一种奇妙的果实,吃了它以后,再吃任何东西都会变得非常可口,即使是很酸的柠檬,也变得很甜。用眼睛看世间,如何把丑的人事物美化呢?宋朝有一则公案,苏东坡与佛印禅师打坐,一个说对方像一堆牛粪,一个说像一尊佛。苏小妹点破了说,以粪心看人就像粪,以佛眼看人都是佛。看世间如果能加一点佛心,就会像吃了奇妙果实,什么都很甜美。

第二,耳听众音,众音如"曲"

我们的耳朵会听到各种声音,大自然的天籁,令人陶然沉醉,而好话如甜美的歌声,善语像优美的旋律,这些声音,也会让人心旷神怡。听到美好的声音固然欢喜,听到不顺耳的,也要能够转化,把批评当作养料,讽刺就是针砭,讥笑好比药石,毁谤则为砥砺。不论是哀伤幽怨,如泣如诉,或清脆悦耳,似大珠小珠落玉盘,不都是人间的悲喜交响曲吗?

第三,口说语言,语言如"歌"

动之于心,诉之于口,嘴巴是我们沟通、表达的管道,说话幽默风趣,可以带动欢喜热闹的气氛;说话尖酸刻薄,则损人害己,招来祸殃。因此,讲话要像一首动听的歌,宛转高雅,真情流露,才能打动人心。

第四,心思众生,众生如"亲"

诸佛菩萨,悯念众生,如母忆子一般。一个有智慧的人,心胸豁达,不自私拘泥,心里所想的都是为大众,为将来与后世子孙,看待一切众生也如同家人一样。当一个人把心思放在众生,常常为众人解决困难,无形中,其智慧、福德就会在大众中成长。

看得多,见识广;听得多,知识丰;想得多,理路透。如果我们想要拥有广大的世界,就不能狭隘设限,要开阔心胸,放远天下,关怀众生,始能从中习得圆满的智慧。

语言之道

语言是表达情意、沟通人际、传递思想的重要工具。因此,语言要讲究真实、善美、清净。因为好话、坏话关系着一个人的道德人格,也影响着别人的喜怒哀乐。《大智度论》云:"常以好语,有所利益,是名法施。"意思就是说,只要我们讲一些对别人有利益的话,就是在布施真理。语言之道,有四点需要注意:

第一,言仁不言暴

有的人说话,语带强制、恐吓,是谓语言暴力,或是巧言令色,以花言巧语,卑躬屈膝的态度,博得他人的信赖;这些言语,都无法令人生起慈爱之心。因此,我们说话要说仁慈的话、仁德的话,不要讲暴力的话。

第二,言义不言利

历史上著名的经典翻译家唐朝玄奘大师,童年时就有一个良好的生活习惯与性格,他自我勉励:"言无名利,行绝虚浮",因而成就他一生的伟大事业。孔子亦说:"群居终日,言不及义,好行小惠,难矣哉!"强调言行中正义的重要。

第三,言礼不言邪

语言,是心灵之窗。善美的语言,反映出清净的心灵;丑陋的语言,则显示出心中的污秽。古人说:"心之所感有邪正,故言之所形有是非。"因此,说话要有分寸、要有礼貌,不可胡说八道,虚假妄言,蛊惑人心。

第四,言信不言诈

所谓"言而无信,不知其可"。一个人说话没有信用,不知道还能以什么作为立身处事的准则?我们讲话,言语中不能有一句欺诈,不能有一句不实,要讲有信用的话,开诚布公的话,以及对人间能增加信心,对自他具有建设性的话。

爱惜口中的语言,用慈悲的爱语化导暴戾气氛,能使社会趋于平和;爱惜心灵的语言,用智能的心语消除贪嗔愚痴,可以让心灵常保明净。只要合乎行为礼节规范的语言,都是好话。

交友之道

常言道:"近朱者赤,近墨者黑",可见朋友对我们的影响之大,所以必须了解什么是益友,什么是损友。真正的好朋友是能互相规劝、砥砺的。"在家靠父母,出外靠朋友",除了亲人,朋友是我们人生道上不可缺少的一环人际关系,而且许多事情是靠朋友知交才能处理的。交友之道有哪些?如何才能得到真正值得交往的朋友?

第一,以德交友,患难与共

要如何交朋友呢?首先需问自己想交什么样的朋友。如果希望交到真心的朋友,就要拿出自己的真心,以道德、以义气、以慈悲来交往;如此得来的朋友,在最紧要关头时,大都能同甘共苦。所谓"患难见真情",在最困顿的时候,还能不变初衷地支助扶持,才是真正的朋友。

第二,以诚交友,肝胆相照

和朋友相处,彼此要讲究知心,讲究坦诚,讲究肝胆相照。双方以真实的言语、真实的感情交往,摒除利害关系,拥有手足般的义气情谊,能相知相惜,相互关爱,彼此扶助,就是真正的肝胆相照了。如战国时的隐士田光，为助燕太子丹刺秦王，举荐荆轲，更为守秘而刎颈，田光之忠诚，可谓肝胆相照。

第三，以知交友，见多识广

见识广博或具有专业知识的人，会受到朋友的尊重与信赖。同样的，要结交有内涵的朋友，也要先充实自己的内涵；懂得随时吸取新知的人，智慧容易开启，也会吸引许多见多识广的人到身边来。刘禹锡之交往即是"谈笑有鸿儒，往来无白丁，可以调素琴，阅金经"。

第四，以道交友，法乐融融

"道风德香传千里"，有道德的人、有修养的人，无人不欣喜，不论远近，大家都会争相来亲近。和他交往的人，也都会依他自勉，而得到提升，此即所谓"与善友交，入芝兰之室，久而不闻其香，即与之化矣"。

《中庸》曰："待人以诚，感人以德，交人以善，这是率性之谓道。"朋友交往以诚以真，相待以礼以敬，相处以平以淡，相勉以学以道，都是交朋友的原则。

为友之道

大家都渴望找到真心的朋友，但是，要找到一生不相负的好友，往往是可遇而不可求。你常常慨叹朋友辜负了你吗？想要交到真心的朋友，本身也需具备一些条件。例如不能太过倚赖朋友，这会使对方感到不胜负担，久之必然离去。尤其不能因为熟悉而失去了分寸，失了分寸与尊重，久之必然反目。如果对方失意时，要适时给予鼓舞与安慰。再者，双方都能互相勉励、共同充实彼此的内涵，这样友谊的层次也能提升。在《长阿含经》里面，佛陀对于朋友之道有以下四点开示：

第一，为彼不惜劳苦

历史上的"管鲍之交"闻名千古。主要因为鲍叔牙有慧眼识英雄的本领，一眼认出具有冲天之志的管仲，又有"不受离间"的智慧，无论旁人如何评论管仲，鲍叔牙都不为所动。反而不断地给予包容、谅解与协助，才有后来擘划千里、成就齐国霸业的管仲。

另有晋国公子重耳，家国流散，在外颠沛十数载，忠臣狐偃始终不离不弃，后来得到秦穆公的帮助回国为君，重耳重用患难之交的忠臣狐偃，奋发图强，终于成为春秋五霸之一。

第二,为彼不惜财宝

朋友有经济上的困难,应量力帮助他渡过难关。如姜子牙未发达前,义兄不惜财宝的接济,终于造就了历史上的姜子牙。

六祖惠能大师未上黄梅以前,卖柴为生,靠着安道诚的仗义相济,给予安家费,使其无后顾之忧,顺利参访五祖,终于成就道业,成为中国禅宗史上提倡顿悟的祖师。

第三,为彼济其离怖

朋友受到挫折、失败或感觉无助之时,要像观世音菩萨的施无畏精神,及时伸出援手,让朋友远离怖畏,得到安心。

第四,为彼时相教诫

要成为对方的挚友,就要相互勉励,彼此为鉴,并且观察他的偏失,矫正他的气质。在朋友虚浮时,能够养之以沉稳;观念褊狭时,导之以宽广;急躁不耐时,修之以从容。朋友有过错,应该要暗地里规劝他改过,这是好友应尽的责任。

朋友是互相的,应该要彼此感恩,懂得付出,才能交到真心的朋友,也才能得到相互依存的挚友。

朋友之道

古人对交友很重视,并列于五伦之一,因为与朋友之间的互动是为人处世重要的一环。如果关系顺利,可以带来生命的互助与喜悦。

明朝的苏浚在《鸡鸣偶记》中说:"道义相砥,过失相规,畏友也;缓急可共,死生可托,密友也;甘言如饴,游戏征逐,昵友也;利则相攘,患则相倾,贼友也。"对于朋友相处之道,提供四点意见:

第一,要互相交流

唐朝李白、杜甫是一见如故的朋友,他们相互讨论诗作,将唐诗带到文学的高峰。要互相交流,平时的关心慰问不可少;逢年过节也要礼尚往来。有时候可以特别举行茶会、餐会、读书会等,彼此以新知交流,增进了解,彼此更加融和相知。

第二,要互相帮助

朋友是两个个体的联系,彼此有互动关系,必然是荣辱与共、休戚相关,所以要有"同体共生"的认识。如三国时代桃园三结义的刘备、关羽及张飞,贫富与共,患难相扶,侠义之情令人敬佩。

第三,要互相尊重

不要将朋友视为私人所有,这样的友谊必定不能长远,因为朋友也有他独立的人格,不但要给予相当的个人空间,还要尊重他好的传统、正信的宗教、光明的观念、正当的嗜好,以及他的家庭、性格等等,尊重可以带来长远的情谊。

第四,要互相信任

所谓的"疑友不交,交友不疑",朋友之间的往来,如果存有疑忌之心,不但不能互相信任,甚至可能彼此受害。交友之先,要能分辨趋炎附势的佞友,恶劣为非的损友,吃喝玩乐的劣友,朋比为奸的诈友,在交往之初,可能会让人感觉甜蜜,然而久之必受其害,此类恶友都不可结交。

会劝正导善的畏友,能切磋互勉的净友,虽然刚开始交往,容易使人有点难堪,但久后必受其益。此类善友可以多多结交。

待客之道

家庭里，免不了常有亲朋好友等客人来访；公司里，免不了有商业往来的客人走动；寺院道场里，信徒、友寺、社会人士参访，更是时常有之。所以寺庙的知客师很重要，"知客"就是"知道客人的需要"，也就是要懂得待客之道！待客之道，不分寺院、公司、家庭，人人都应该了解。关于待客之道，分为四等：

第一，像朋友的客人，要让他宾至如归

"有朋自远方来，不亦乐乎。"有时候久未联系的朋友忽然来访，不能让他觉得生疏，要热情招呼，让他有宾至如归的感觉。从他一到，举凡喝茶、吃饭、休息，我都要以礼相待。尤其用餐时，上等的主妇在饭菜上桌后，很快就能走出厨房，到餐桌上招呼客人用餐；如果客来扫地，客去泡茶，这是最劣等的主妇。

第二，有困难的客人，要为他解决问题

俗语说："在家千日好，出门一时难。"又说："在家靠父母，出门靠朋友。"人难免有遇到困难的时候，对于有困难的客人，不管他跟我们是商务上的往来，或是曾经共事的同事、主管、属下，乃至单纯友谊往来的客人，我们都要真诚地关心他，不能跟他支吾其词，让他觉得你好像有意要避开他。你能帮他直接解决问题最好,否则帮他出主意、提供其他管道,总之,能帮他把问题解决,让他觉得不虚此行,这才是对有困难的客人应有的待客之道。

第三,随机缘的客人,要予他欢喜希望

有的人来访,并没有特定的目的,只是随兴忽然而来,他没有事先通知,也没有事前约好,临时就跑来了。不过你还是要好好招待他,要给他欢喜、给他满足,要让他感受到人情的温暖,进而对人生充满希望,这才是待客之道。

第四,对高位的客人,要和他不亢不卑

"以客为尊",请客要让客人受到尊重,受到礼遇,这是应有的待客之道。但是宾主是有界限的,宾主各有各的立场,例如开会时,主席、代表、会员,都是主体,有时即使上级领导莅临与会,也只能是来宾。大国的总统到小国访问,是小国的上宾;小国的国王应邀到大国去,也是大国的上宾。宾主不能只论大小,而是平等的论角色。所以有的客人身份、地位很高,但是所谓"客随主便",不能"反客为主";身为主人的,对于高位的客人,也要不亢不卑,才不会有失身份。

宾主自有他一定的内涵与规矩,所以一个好的主人,最主要的是要会对待客人。

保健之道

时代愈文明,人类应该更健康才是。但是纵观今日的世间,医学科技愈进步,难治的疾病就愈来愈多,这是十分奇异的现象!仔细想来,或因人类只知医病,既未将真正的病根寻找出来,也没有将身、心、灵看作一体来保健。

有人把健康比喻为"1",把家庭、爱情、事业等等,比喻为"0"。有了"1",一切的"0"都变得有价值;只有"0"而没有"1",所有的"0"都失去了作用。这个比喻很有道理,与古人所说"留得青山在,不怕没柴烧",有相同的意义。另外,在自我精神层面上的保健,也要注意到四点:

第一,不急躁,宁静可以致远

古时候常听到巡更之人,一面敲着锣,一面沿着街道大声提醒大家:"天干物燥,小心火烛!"在自然界干燥之时,容易"星火燎原",引起火灾;在我们的内心当中太过急躁,同样也很容易"心火燎身"。心中一急躁,情绪立即冲动,身体来不及应变,引起肌肉紧绷,氧气无法到达,身体机能运转不灵光,因此容易致病。

所谓"静如处子,动如脱兔",身心时时维持宁静,精神容易升华。再者,人在宁静之中,眼光能看得远,心胸能放得开,生命层次自然也跟着提升。

第二,不发怒,心平可以气和

想要身体健康,内心首先要修养得平和,对人能够体谅,对事能够随缘,对物要能爱惜。想要健康就不能常常生气,因为生气容易损伤精神。多年前曾有科学家实验,人一旦发怒,全身的血液都会产生剧毒。人不要时时准备操控他人,那样只会与心境平和的修养背道而驰。能控制自己,理性时时都能战胜情绪,逐渐地能够做到心平气和,这也是延年益寿的一种秘诀。

第三,不压抑,随缘可以自在

遇事缺乏处理的智慧,客观环境又不允许发泄出来,这样日积月累下来,太多的压抑,必定一发而不可收拾。滞郁之气需要化解,苦闷需要找到渠道来疏通。如果找不到合适的人来为你排解,可以交给悠云、流水、虚空,或是向佛菩萨倾诉;等内心能看得更远了,自然凡事都能欢喜接受。欢喜与接受,这都是增加生命养分的好方法。所以,不要以压抑来处理内心的不满,而要朝光明面来看事情,才能过得随缘自在。

第四,不幻想,踏实可以进步

幻想与梦想不同。梦想是一种远景,只要积极有计划、按部就班地去实践,许多梦想都能成为事实。

但幻想的人,只想一些不可能实现的假象。或是尽管想得天花乱坠,却不肯付诸行动。幻想既劳心又使人脱离了现实,到最后甚至得了幻想症,何苦呢?还不如把握住现在,安安分分的,该吃饭的时候吃饭,当睡觉的时候睡觉,应办事的时候办事。生活在现实的人生当中,凡事处理得好,进步就容易了。

如何学道

现今社会上学佛的风气非常普遍,这是好现象。因为一个人心中有佛,他眼睛看到的都是佛的世界;心中有佛,耳朵听到的都是佛的声音;心中有佛,手上做的都是佛的事情;心中有佛,口里说的话,都是佛的语言。学佛者在心中要当下承担"我是佛",是佛,就不会吸烟喝酒;是佛,就不会打骂人;是佛,就不会沾染任何恶习。如何修学佛道?

第一,欲求佛道须先正心

《大学》说:"欲修其身者,先正其心。"儒家认为修身是齐家、治国、平天下的根本,而修身则要通过内心的修养,心若不正,一切都是空谈。《正法念处经》亦说:"不念善事,不正心意,彼行放逸。放逸所诳,身坏命终,堕于恶道,生地狱中。"心不正,眼、耳、鼻、舌、身所见所闻都不正,放逸恣行,恐怕连人身都难保有,遑论成佛道。因此,欲求佛道须先正心。

第二,欲入佛道须能放下

俗话说"失之东隅,收之桑榆"。又说:"塞翁失马,焉知非福。"要先有舍,才会有得。想要进入佛道,要先把贪欲、嗔恨、愚痴放下,要把世间的人我得失先放下,把蛮横执着放下,把这些世间种种陋习放下,佛道就能提起。

第三,欲行佛道须运悲智

要行佛道,要先有慈悲心。有慈悲才会心存众生,才有实践的动力。但《大宝积经》说:"一切如来身业,智为前导,随智而转。一切如来语业智为前导,随智而转。一切如来意业智为前导,随智而转。"如果光有慈悲而没有般若智慧,所行只是世间善法,且容易流于滥慈悲。所以有心行佛道,必须悲智双运,才是最理想的修习。

第四,欲证佛道须悟无我

无我不是说没有我,只是不执着这个我。常人有根深蒂固的自我爱,太看重自我,一切以自我为中心,于是造作种种业行。佛教菩萨要无缘大慈,同体大悲,就是劝诫我们不把心量局限在个人,那就是无我的意义。有了无我的体认与实践,才能扩大生命,进一步证悟佛道。

每位学佛修道者都想要有所成就,但如果方法错误,居心偏差,就像煮沙欲成饭,那是不可能的。

教化之道

做一名教师,有启发学生的方法;做父母教育子弟,有教育子弟的方法;从事社会教化的人,当然也有社会教化的方法。当初佛陀教化众生的原则就是"契理契机"。有的时候,要契合真理,有的时候,要契合众生的根机。不合真理的话,你不能说,根机不合者,你也不能勉强。如何是教化之道呢?在这里提供四点:

第一,启发的教育在潜移默化

最好的教育,就是启发。启发教育不是口头教说,而是潜移默化的身教,让他们自己去思考。仙崖禅师看见夜游的沙弥,只轻轻说一句"夜深露重,小心身体,不要着凉,赶快回去多穿一件衣服"后,就不再提起。从此,全寺学僧再也没有人出去夜游。佛门禅师,就是以身体力行作为榜样,启发行者。

第二,感化的教育在身教言行

教育子弟,最好用感化方式,使他感动。有一首歌词强调"爸爸妈妈真伟大",这不一定很好。为什么?爸爸妈妈很伟大,怎么伟大?要钱有钱,要糖有糖,要玩具有玩具,想买什么就买什么。但是我没有,我的爸爸不伟大,那我就只有偷、只有抢。所以,不如说"爸爸妈妈真辛苦"。让孩子知道,父母亲起早贪晚,工作忙碌,生病照顾,准备快餐……从身教言行做起,让他感动,才能感化人心。

第三,指导的教育在引发思想

教导,在引发学生思考,让他思想能随你不断深入、不断向前。丹霞禅师受到一句"选官何如选佛"的启发,放下求官之志,成就道业;怀让禅师点拨一句"磨砖既不能成镜,坐禅又岂能成佛",马祖道一闻言有如醍醐灌顶,茅塞顿开。指导的教育,启发生命,也成就智慧。

第四,惩罚的教育在慈爱鼓励

就是学生有错,犯了过,惩罚他时,还是要出自爱心劝导、鼓励,不能丧失他的尊严,否则就没有办法可教了。佛光山的沙弥学园,因为沙弥年纪小,顽皮捣蛋,后来罚他们睡觉,不准拜佛、参加早晚课诵。当他们看到同学们可以上殿,自己却不能参加,心里会了解,睡觉是被处罚,拜佛是光荣的,心中自然升起惭愧心,改过迁善。半年以后,沙弥们果真变得自动自发。因此,教育要先从人情上着手,就是惩罚,也要先尊重他们,才能培养他们的荣誉感,自然向善。

多采用关怀与启发,不仅消除反抗、猜忌、敌对,还可以赢得诚恳与真心。这些比斥责、训话、体罚等方式,不知胜过了多少倍。这四点教化之道,可以参考。

忍之道

佛教讲"忍辱波罗蜜",忍可以解决人间复杂的问题、不平的问题,是人生最大的力量。《大集经》说:"忍是安乐之道,能除贪嗔、邪见、两舌,并得自在、端正、威力等功德。"忍要具备高度的智慧,才能做到难忍能忍,难行能行,所以佛陀赞叹忍辱的功德是布施、持戒所不能及,能忍辱者为"有力大人"。"忍之道"有哪些呢?有以下四点:

第一,忍得好容色

《因果十来偈》说:"端正者忍辱中来。"一个人相貌庄严,是因为能修忍辱,接受种种考验,而得端正仪表。有一则譬喻故事,铜佛承受铁匠的雕琢铸镂,成就庄严法相,接受万人膜拜供养;大磬不能忍耐,人家一敲,只有嗡嗡作响。《佛光菜根谭》:"心中常有拂心之事,形体毫无不悦之态。"以此养忍调性,才能像菩萨一样,慈眉善目,端严相好。

第二,忍得具眷属

无论凡愚圣智,皆是我们人生中的亲友眷属,若要求得家庭和睦,众人爱敬,就要忍辱谦让。《罗云忍辱经》:"忍之为福,身安亲宁，宗家和兴，未尝不欢。"忍能增加力量，能减少冲突纠纷，止息众乱，眷属和合。

第三，忍招诸胜报

世事多成于忍，能忍方成大器，佛陀在本生修行为长生童子，以实践忍辱为修行，终取得国家胜利，忍看似牺牲，却是获得最后胜利。故《忍辱经》："世无所怙，唯忍可恃，忍为安宅，灾怪不生。"以忍依怙，才耐得住迫害、苦难及种种诱惑，身心能安住泰然。

第四，忍得寿命长

能忍之人，嘴上不说激愤的话，面上不露憎恨之相，心中不存人我是非，看得开、放得下，自然就会健康，寿命延长。怒则气逆，怨则气损，修忍辱要能如饮甘露，才能心平气和，所以忍的功德其大无比。

《罗云忍辱经》云："忍恶行者，所生常安，众祸消灭，愿辄如志颜貌炜晔，身强少病，财荣尊贵，皆由忍慈惠济众生所致。"故以忍辱作为资具，化暴戾为祥和，就能身心安住，制止众恶，眷属合乐。以上出自《大方等大集经》的"忍之道"四句偈，提供大家参考。

谦虚之道

有谓"谦卑在人前,所向尽通;傲慢在人前,寸步难行"。谦虚,是做人处世迈向成功的重要动力。谦虚的人,谨慎踏实,努力补足不全,失败就会远离。谦虚的相反是傲慢,它让人自以为是,无法自我检讨、自我反省,当然也无从进步。人要如何谦虚呢?以下有四点意见:

第一,位高而心愈下

谦虚的人,地位愈崇高,他的心愈更谦下。相反的,做人最怕就是"满瓶不动半瓶摇",肚子没有什么东西,却狐假虎威、虚张声势,只有更显出自己的不足,俗语云:"虚心使人高贵,自负使人肤浅。"所以,当地位越高时,态度越要谦和低下。

第二,禄厚而自弥约

当获得高位厚禄时,千万不可志满得意,应该简朴自约,低调行事,避免惹祸上身。《训检示康》云:"君子寡欲,则不役于物,可以直道而行。"纵然得到万钟厚禄,也不可以胡作非为、任意挥霍,只有淡泊简约,才能依正道而行,不被世俗物累所羁绊。

第三,宠甚而思以惧

当领导宠信,或工作顺遂时,更要怀有戒慎恐惧,有"如临深渊,如履薄冰"的心。历史上,年羹尧因宠而忘记本分,李莲英受宠而误国误事,这都是令人引以为惕的。所谓"高处不胜寒",爬得愈高,愈要谨慎。名相诸葛亮说"不傲才以骄人,不以宠而作威",就是这个道理。

第四,道崇而自谦退

当你的声名如日中天,让人崇敬时,更要谦冲自牧。明朝儒士方孝孺说:"虚己者进德之基。"一个自命不凡、恃才傲物的人,容易树敌;懂得反身退步,才会让人感到德厚如春风,让人愿意亲近。

箭弓不可太紧,太紧会断;锋芒不可太露,太露遭忌;《易经·谦卦》说:"谦谦君子,卑以自牧。"位高而心愈下,则人自亲;禄厚而自弥约,则心自朴;宠甚而思以慎,则位自固;道崇而自谦退,则德自厚。以上四点谦虚之道,可为座右铭。

说话之道

俗话说:"一张嘴,两片皮,说好说坏都是你。"一句好话能感动人,乃至流传千古;一句恶言却能伤害人,甚至令人难以原谅。因此,说话要适时、适人、适地。说话之道有四点建议:

第一,责备的话中要带抚慰

东方国家为人父母者,受"打是疼,骂是爱"的观念影响,经常将责备的话挂在嘴边,一旦儿女做错事,随口就是指责,因此,忽略子女的尊严,造成亲子间嫌隙的情况,时有见闻。语言,当以关怀真切为第一,虽是责备,也不能把话说尽,"是不是有什么困难?""身体不舒服吗?"语带关心慰问,让人感受到爱心的温暖,反而能感化对方。

第二,批评的话中要带赞扬

赞美,是世间上最美好的声音。佛门有句话说:"要得佛法兴,除非僧赞僧。"同样的,用之于社会,对朋友、对儿女、对学生,也要多一点鼓励、多一点赞美,才能和谐。批评他人不能解决问题,还会成为双方相处的阻力,批评中带有鼓励,才能解决问题。

第三,训诫的话中要带推崇

人与人之间的交情够深,对于不如法的行为,偶有训诫也未尝不可。人虽有缺失,但也总有些长处,因此训诫的话,不要忽略语带推崇。是好事的,要说"你如何好",是训诫的,要说"我们可以如何改进",倘若一味指责,反而适得其反。

第四,命令的话中要带尊重

有的人说话总习惯用命令的方式:"别质疑我的话""照我的话做就没错了",这种强硬的语气,往往令人难以接受。若能以平等心对待,所言都是谦虚之词:"拜托你""麻烦你",如此,对方感受被人尊重,自然就会有响应。

例如英国维多利亚女皇曾经和丈夫吵架,她敲门向房内的丈夫道歉,丈夫问:"谁?"女皇习惯性回答:"女王",丈夫总是不予回答,直到女皇改口:"是你的妻子",门终于打开。所以人和人之间讲话,要学会相互尊重。

说话是一门艺术,不一定要能言善道,却要有一颗体谅别人的心,抱着同理心讲话,一定能结好缘。

因应之道

世间种种都有其因应之道,如兴建地铁,以因应交通拥塞;鼓励生育,以因应人口负增长;制定法律,以因应各种犯罪。人一生当中,难免会有大大小小的顺逆境界,如何因应,有以下四点意见:

第一,面对过失要诚意改过

"人非圣贤,孰能无过",每个人多少都会犯错,面对自己的过失,能真心诚意改过,则"善莫大焉"。

过去,大禹因"闻过则喜",受人敬重;子路因"闻过则拜",为人称扬;本是小混混的韩信,因为改正陋习,成为开国大将军;游手好闲的寇准,因为改正过失,成为一代名相。能懂得改过迁善,品德必能日日新而有所作为。

第二,受到赞誉要虚心接受

受到一点赞誉,就自得自满,骄傲狂妄,日久,便不容易接受别人的批评,而停止进步了。明朝陈继儒的《小窗幽记》道:"宠辱不惊,看庭前花开花落。"即在警惕世人,受到赞美恭维时,心能持平谦下,不以为是理所当然,道德必然能日渐增长。

第三，遭逢失败要检讨原因

爱迪生做实验经历了多次失败，有人问他："你做实验果真经历过许多失败？"他回答："不！我成功地发现许多不能成功的方法。"遭逢失败时，不要怨天尤人，重要的是自我检讨失败的原因，进而付诸行动，才有机会东山再起。因此，抱持永不言败的心念，才能与成功交会。

第四，被人欺侮要逆来顺受

被人欺侮，要学习皮球，打击愈大，弹跳愈高；要如搓面团，愈揉韧性愈强。遇欺骗，须宽大；逢毁谤，不复仇；遭加害，待以慈；受苦难，宜忍耐。如果我们善于调御己心，能逆来顺受，面临再苦、再难堪的境界，也能甘之如饴。

"失败者常把机会当困难，成功者常把困难当机会。"不论我们遇到怎样的称讥毁誉，能对境界不停不滞，即是最佳的因应之道。

求感应之道

《中庸》云:"诚则明矣,明则诚矣。"感应之事,唯"心诚则灵"而已。有感则应的原理,就像叩钟必有回响,敲鼓即得音声一样,还有日常的喝水止渴、饥食饭饱,或叫一声"妈妈",妈妈就回头,这都是一种感应。感应有其因缘条件,如何求得感应?

第一,要重视因果

善人视因果为朋友,智人视因果为龟鉴,愚人视因果为法官,恶人视因果为仇敌。感应它不是凭空而得的,种瓜才能得瓜,种豆才能得豆。就像听广播,看电视,要转对了频道,才收得到节目。修行也是一样,相信慈悲,慈悲会在我们生活中有所受用;相信佛陀,依照佛陀的教法去做,则能成就佛道。

第二,要立功发愿

想要有什么感应,先看自心立何愿、求何事,好比想要升官的人,要先看他的功劳表现。像孔子和墨子,有着"孔席不得暖,墨突不得黔"的济世奉献精神,而被世人称圣称贤;历代大德,也都是靠愿力成就功业的。若我们每个当下,都能够发愿,如同一滴水能滋润花草,任何善愿,都能开花结果。

第三,要由衷忏悔

虽然"千江有水千江月,万里无云万里天",但水混浊,云层厚,也看不到月亮和太阳。希望水清映月、拨云见日,就要由衷地忏悔,让心清净,才能有感应。如《杂阿含经》载:"凡人有罪,自见、自知而悔过者,于当来世律仪成就,功德增长,终不退减。"所谓"人有诚心,佛有感应",只要我们能时常借着忏悔的法水来涤净心垢,自然能与佛菩萨感应道交。

第四,要虔诚回向

一心至诚、一心礼敬、一心称名,是感应的原理。若只为一己之私,所得的利益有限,要想获得大利益,修得大功德,就要懂得回向,回向犹如耕耘种子,小心照顾,使它发芽、开花而结成累累果实,以小小的因,成就丰硕的果。所以,不管是求学问道,都要将利益回向群生,才会有大成就。《往生净土忏愿仪》言:"能礼所礼性空寂,感应道交难思议;我此道场如帝珠,释迦如来影现中。"由此可知,只要虔诚礼敬,忏悔发愿,生起广大菩提心,就能求得不可思议的感应。

修身之道

生而为人,最可贵的是能够自我管理,具有惭耻的美德,对自己的言行举止反省修正,让身行端正、心念善美。身心修养好了,性情自然和美,成为一个善人。如何修身呢?

第一,眼不看不净之事

人的认知,有许多都是借由眼睛看来的。看的时候,如果心念不正,所看到的都是不净。例如轻蔑别人,就会看人低下,鄙视他人,自然也看不到对方的优点。《泥洹经》云:"持心不净,不得度世。"因此,要学习用净眼看世间,用慧眼看出真、看出切、看出妙、看出好,看见一切前因后果,看出来龙去脉。

第二,耳不听不善之音

耳朵是我们认识外界的一个重要渠道,无论好声音、坏声音,都是通过耳朵传递,所以,耳朵也要修行。要谛听,才会听出真意,不会乱听;要正听,才不会把好话听成坏话、好事听成坏事。尤其,不要听是非而听实话,不要听恶言而听善言,不要听杂话而听佛法,不要听闲言而听真理,能听出有意义的内容,就会提升生命的层次。

第三,口不说伤人之语

一个火爆的场面,会因一句柔和的话而消弭无形,一个颓唐的失败者,会因一句鼓励爱语而振作奋发。能真诚恳切、融洽地与人谈话,不但能结善缘,更能增进人际和谐的关系。所谓"静坐常思己过,闲谈莫论人非",能谨言慎行,不出言伤人,常说仁德之语,才是修口之道。

第四,面不露不悦之容

带一张臭脸回家,会使全家人心情也跟着郁闷;摆一脸怒颜进办公室,同事看了就要退避三舍;一张不悦之容,真是会让周围的气氛冻僵紧张。因此,给人如沐春风,不轻易动怒,即使不欢喜,也会为了大众忍耐,不让人为难、尴尬,这也是高超的修养。

《大宝积经》云:"身常行慈,不害众生;口宣仁德,不说恶言;意常正心,不报增损;己得利养,十方共有;等护禁戒,而无所犯;常以正见,开导屈戾。"很多人问如何修行?其实修行不离身心,以上这四点修身之道,随时可以实践。

善因善缘

一个人可以不信佛教,但不可以不信因果;因果不是知识,是人生的真理,是行事的准则。种善因得善果,种恶因得恶果,人是自己的园丁,人生要活得幸福、美满、快乐,就要培养善因善缘。有关"善因善缘",有四点意见:

第一,避免轻诺寡信

"人无信不立",做人信用第一,所谓"一诺千金",别人有求于你,你能做到的当然要答应,做不到的,则要说明原委,千万不能轻易承诺之后却不当一回事。你不守信用,一次、两次,等别人对你失望,甚至对你怀恨,从此不再和你来往,那时再想挽救便嫌迟了。所以一个人要守信,约会要守时守信,对别人的承诺更要信守不移。信用是一个人立身处世的重要条件,千万轻忽不得。

第二,严戒好言善辩

"人之谤我也,与其能辩,不如能容。"受人诽谤尚且不必急于辩解,何况平日无事,更无须与人争辩。但是有的人偏偏好逞口舌,喜欢辩论,只要一开口就滔滔不绝;只要一讲话就口沫横飞。但是好言善辩的人,往往令人退避三舍。因为善于狡辩,乍听之下好像有理,但是经常狡辩,常常言过其实,自然别人心里有数,也就对你敬而远之。所以,如果你不想做一个不受欢迎的人,就应该严戒好言善辩。

第三,待人宽大厚道

胸襟宽大,待人厚道,条条都是大路;心量狭小,对人刻薄,处处都是荆棘。做人宽大厚道,宽则得人,厚可载物;做人尖酸无情、得理不饶人,容易树敌。所以,宽恕别人,其实就是释放自己。所谓"厚福者必宽厚,宽厚则福益厚",一个宽大厚道的人,在道业上能够养深积厚,在人际间能够广结善缘,在事业上更能得到多助,所以厚道才能成事。

第四,重视基本礼仪

人和人之间,不要以为"熟不拘礼",其实所谓礼者,就是要合乎道理,合于伦理。《三字经》说:"君臣义,父子亲,夫妇顺。"在家庭中,夫妻有夫妻之道,父母子女有父母子女之礼,君臣之义更不可废。乃至平日里,邻里之间、朋友之间、长官部下之间,彼此见了面,一句"你好""你早",甚至点个头、问个讯、合个掌,都是做人应有的基本礼仪,都能给人一个心意上的尊重,都是人际间不可少的交流。

爱惜自己的福报,就是珍惜自己的现在;广结人间的善缘,就是丰富自己的未来。当一个人遭遇逆境、挫折时,只要肯要改变自己的因,并且广结人际之间的善缘,就有美好的未来。